如何抓好落实

任初轩 编

人民日报出版社
北京

图书在版编目（CIP）数据

如何抓好落实 / 任初轩编. -- 北京：人民日报出版社，2024.6
ISBN 978-7-5115-8294-2

Ⅰ.①如… Ⅱ.①任… Ⅲ.①中国共产党－干部教育－学习参考资料 Ⅳ.①D262.3

中国国家版本馆CIP数据核字(2024)第098912号

书　　　名：	如何抓好落实 RUHE ZHUAHAO LUOSHI
作　　　者：	任初轩
责任编辑：	周海燕　孙　祺
装帧设计：	元泰书装
出版发行：	人民日报出版社
社　　　址：	北京金台西路2号
邮政编码：	100733
发行热线：	（010）65369509　65369512　65363531　65363528
邮购热线：	（010）65369530　65363527
编辑热线：	（010）65369518
网　　　址：	www.peopledailypress.com
经　　　销：	新华书店
印　　　刷：	大厂回族自治县彩虹印刷有限公司
法律顾问：	北京科宇律师事务所　（010）83622312
开　　　本：	710mm×1000mm　　1/16
字　　　数：	180千字
印　　　张：	14.75
版　　　次：	2024年7月第1版
印　　　次：	2025年7月第2次印刷
书　　　号：	ISBN 978-7-5115-8294-2
定　　　价：	48.00元

目录

第一篇
不折不扣抓落实

★理论★

牢牢把握在国家发展大局中的战略定位	006
深刻把握总体要求和政策取向　巩固和增强经济回升向好态势	019
必须把推进中国式现代化作为最大的政治	028
坚持狠抓落实	036
以战略思维观大势谋工作抓落实	044

★观点★

聚焦实际问题抓落实	055
得其法　抓落实	058

★实践★

不折不扣抓落实	061

■ 如何抓好落实

■ 第二篇

雷厉风行抓落实

★ 理论 ★

深刻把握坚持问题导向的科学内涵和实践要求	**072**
坚持稳中求进工作总基调	**080**
树立和践行正确政绩观	**087**
在抓落实中提升自我革命成效	**095**
把干事创业作为本职本分	**102**

★ 观点 ★

驰而不息抓落实	**107**
形成狠抓落实的好局面	**110**

★ 实践 ★

雷厉风行抓落实	**113**

■ 第三篇

求真务实抓落实

★ 理论 ★

着力提高调查研究质量	**126**
深刻理解和把握一切从实际出发	**134**
"四下基层"彰显历久弥新的时代价值和实践伟力	**141**

目 录

从调查研究中来　到真抓实干中去　　　　　　　149
增强抓落实的本领和韧劲　　　　　　　　　　　154

★ 观点 ★
求真务实　狠抓落实　　　　　　　　　　　　　159
学思践悟抓落实　　　　　　　　　　　　　　　162

★ 实践 ★
求真务实抓落实　　　　　　　　　　　　　　　165

第四篇

敢作善为抓落实

★ 理论 ★
新征程上更好推动和激励干部新担当新作为　　　177
树立选人用人正确导向　　　　　　　　　　　　185
自觉做勇于担当作为的不懈奋斗者　　　　　　　189
如何始终保持干事创业精神状态　　　　　　　　199
坚持造就忠诚干净担当的高素质干部队伍　　　　210

★ 观点 ★
重实干、做实功、求实效　　　　　　　　　　　217
当好坚定行动派、实干家　　　　　　　　　　　220

★ 实践 ★
敢作善为抓落实　　　　　　　　　　　　　　　223

第一篇

不折不扣抓落实

■ 如何抓好落实

不折不扣抓落实

强调实干、注重落实,是我们党的一个优良传统。在去年底召开的中央经济工作会议上,习近平总书记从四个方面对抓落实提出了明确要求,其中第一个方面就是"不折不扣抓落实"。对领导干部来说,抓落实意味着把党中央的重大决策部署贯彻到实际工作中、贯彻到基层中、贯彻到群众中,确保党确立的目标任务顺利实现。时刻紧扣党中央重大决策部署,不打折扣、不搞变通,是抓好落实的基本要求,也是抓出成效的正确方法。不折不扣抓落实,就要做到对党中央重大决策部署心领神会、完整准确全面落实,使最终效果符合党中央决策意图,一步一步把宏伟蓝图变成美好现实。

习近平总书记指出:"经济工作从来都不是抽象的、孤立的，而是具体的、联系的。"经济社会发展是一个系统工程，必须综合考虑政治和经济、现实和历史、物质和文化、发展和民生、资源和生态、国内和国际等多方面因素。基于这一考量，中央经济工作会议不仅统筹谋划经济工作的各个方面、各个层次、各个要素，而且注重推动经济工作和其他各项工作相互促进、良性互动、协同配合。比如，会议在部署2024年经济工作任务时，既从供给侧强调以科技创新引领现代化产业体系建设，也从需求侧强调着力扩大国内需求；既突出深化重点领域改革，也突出扩大高水平开放；既重视抓好"三农"工作，也重视推动城乡融合、区域协调发展；既注重经济发展，也注重民生改善、生态文明建设、防范化解风险，充分体现了党中央重大决策部署的系统性和科学性。不折不扣抓落实，要胸怀"国之大者"，提高政治站位，领悟和把握党中央决策部署的全局考虑和战略考量。把经济工作作为一个多维度、多层次、多因素的有机整体，对各方面任务进行统筹协调、统一贯彻、整体推进，确保同向发力、形成合力。根据已经确立的目标制定时间表、路线图，把阶段性工作和长期性目标结合起来，真抓实干、善作善成，把党中央重大决策部署不折不扣落实下去。

不折不扣抓落实，关键要抓住要害、踩到点上，把目标导向和问题导向结合起来。目标是奋斗方向，问题是时代声音。

■ 如何抓好落实

党和人民就是在解决一个又一个问题中推动经济社会不断发展的。综合来看,当前我国发展面临的有利条件强于不利因素,经济回升向好、长期向好的基本趋势没有改变。也要看到,进一步推动经济回升向好需要克服有效需求不足、部分行业产能过剩、社会预期偏弱、风险隐患仍然较多等困难和挑战。中央经济工作会议部署的2024年九项重点任务,每一项都是奔着问题去的。不理解其背后深刻的目标导向和问题导向,就无法准确把握党中央的决策意图,落实起来就容易陷入无知而盲、无的放矢的困境。抓好落实,既要以目标为着眼点,增强方向感、计划性;又要以问题为着力点,瞄准问题去,对着问题改,在补短板、强弱项上持续用力,努力增强精准性、实效性。结合本地区本部门具体实际,聚焦改革发展中的突出问题,抓住关键环节,明确主攻方向,坚持"一把钥匙开一把锁",精准谋划、精准施策、精准发力,使党中央重大决策部署精准落地、产生实效。

习近平总书记强调:"打折扣是变形走样,层层加码也是变形走样。"不折不扣抓落实,还要注意在执行中避免层层加码,不能把好经念歪。层层加码不仅降低执行效率、加重基层负担,最终结果也必然偏离党中央决策意图。我们要坚持守正创新,既原汁原味领会党中央重大决策部署的精神实质,一丝不苟抓好落实，确保执行不变形、不走样；又坚持实事求是、因地制宜、担当作为，准确把握形势的发展变化，结合本地实际找到推动发展的着力点，创造性地把党中央决策部署落到实处。

（赵莉）

（《人民日报》2024年1月16日第9版）

■ 如何抓好落实

▶▶ 理 论

牢牢把握在国家发展大局中的战略定位

中国是大国，大国之大，一个重要体现是幅员辽阔。如何立足广袤国土，坚持全国一盘棋，在推动各地百舸争流中实现"中国号"巨轮行稳致远，是推进中国式现代化必须在战略上进行科学谋划的重大问题。党的二十大擘画了全面建设社会主义现代化国家、以中国式现代化全面推进中华民族伟大复兴的宏伟蓝图。党的二十大之后，习近平总书记对中国式现代化的一系列重大理论和实践问题进行了深刻阐述，并到不同省区市进行深入考察，主持召开一系列座谈会，足迹遍布大江南北，对中国式现代化的地方实践进行悉心指导和科学部署。在地方考察时，习近平总书记提出的一个重要要求就是牢牢把握在国家发展大局中的战略定位。这一重要要求深刻体现习近平新时代中国特色社会主义思想的世界观和方法论，生动彰显习近平总书记基于经济社会发展规律对中国式现代化的战略谋划，对于推进强国建设、民族复兴伟业具有重大意义。

体现经济社会发展规律的重要要求

习近平总书记在内蒙古考察时强调"要牢牢把握党中央对内蒙古的战略定位"，在四川考察时强调"四川要进一步从全国大局把握自身的战略地位和战略使命"，在听取新疆维吾尔自治区党委和政府、新疆生产建设兵团工作汇报时强调"牢牢把握新疆在国家全局中的战略定位"，在黑龙江考察时强调"要牢牢把握在国家发展大局中的战略定位"，在江西考察时强调"牢牢把握江西在构建新发展格局中的定位"。习近平总书记的重要要求，坚持系统观念和全国一盘棋思想，深刻把握局部与全局的辩证关系，深刻体现经济社会发展规律。

"万物得其本者生，百事得其道者成。"所谓"得其道"，就是认识和遵循规律。一个地区要发展，首先要遵循规律。习近平总书记指出："不同地区的经济条件、自然条件不均衡是客观存在的，如城市和乡村、平原和山区、产业发展区和生态保护区之间的差异，不能简单、机械地理解均衡性。解决发展不平衡问题，要符合经济规律、自然规律，因地制宜、分类指导，承认客观差异，不能搞一刀切。"牢牢把握在国家发展大局中的战略定位，是一个地区立足自身实际、遵循经济社会发展规律

■ 如何抓好落实

推动发展的必然要求。

从最基础的方面看，一个地区经济社会的发展必然要受自然条件的影响。我国幅员辽阔，从东到西，从南到北，各地的自然条件各不相同，自然资源禀赋差异较大，即使在一个省区市里这种差异也客观存在。"胡焕庸线"两侧不同的人口密度，真实而形象地反映了自然条件对经济社会发展的影响。不同的自然条件决定了各个地区的发展需要从自身自然资源禀赋出发，坚持因地制宜，牢牢把握在国家发展大局中的战略定位。比如，我国东北地区丰饶的黑土地是"耕地中的大熊猫"，这决定了"当好国家粮食稳产保供'压舱石'，是东北的首要担当"。这是东北地区在国家发展大局中的一个战略定位，责无旁贷。再看青藏高原，它被称为地球第三极，其三江源地区是长江、黄河、澜沧江的发源地，是我国重要的生态安全屏障。这样的自然条件决定了"保护好青藏高原生态就是对中华民族生存和发展的最大贡献"，地处青藏高原的各个地区要有这样的思想自觉和行动自觉。对于内蒙古，习近平总书记强调建设"两个基地"：国家重要能源和战略资源基地、农畜产品生产基地。这也是从自然资源禀赋出发对内蒙古的一个战略定位。

经济条件是一个地区过去长期发展所积累的成果，又是一个地区未来发展的基础。经济社会发展必须坚持一切从实际出发，这个实际就包括既有的经济条件。既有的经济条件是谋划未来发展的一个客观基点，脱离这个基点就会违反经济社会发展规律而犯错误，脱离这个基点就难以找准自身在大局中的战略定位。当前，我国不同地区的经济条件客观上存在差异，有发达地区，也有欠发达地区。通常来说，经济条件好的发达地区，会集聚更多的资源要素，包括更雄厚的资金、更先进的技术、更高端的人才、更发达的教育等，在国家发展大局中可以也应该发挥示范和引领作用，担负起自身的责任和使命。比如，广东是改革开放的排头兵、先行地、实验区，经济发展水平较高。习近平总书记在考察时要求广东"在推进中国式现代化建设中走在前列"。再看江苏，拥有产业基础坚实、科教资源丰富、营商环境优良、市场规模巨大等优势。习近平总书记在考察时要求江苏"在率先实现社会主义现代化上走在前列"。这些地区在国家发展大局中的战略定位，主要是由其经济条件决定的，体现的是经济社会发展规律。

除了自然条件、经济条件，对一个地区经济社会发展能够产生重大影响的还有区位条件。人类文明通常都发源于大江大河流域，这充分说明区位条件的重要性。今天我国经济版图所呈现的格局，一定程度上也是由区位条件决定的。但区位条件不是一成不变的，在世界历史上，大航海时代的到来就给不同地区的区位条件带来重大改变。今天，共建"一带一路"推动形成一个欧亚大陆与太平洋、印度洋和大西洋完全连接、陆海一体的全球发展新格局。这也使我国不同地区的区位条件正在发生重大变化，曾经的内陆腹地也能成为开放前沿，从"后卫"

■ 如何抓好落实

变成"前锋"。习近平总书记要求陕西"积极参与西部陆海新通道建设,充分发挥中欧班列西安集结中心作用,加快形成面向中亚南亚西亚国家的重要对外开放通道,在联通国内国际双循环中发挥更大作用",要求新疆"加快'一带一路'核心区建设,使新疆成为我国向西开放的桥头堡",这正是基于共建"一带一路"为其带来的区位优势。我国各个地区的区位条件各不相同,有沿海、沿江地区,也有内陆、沿边地区,不同的区位条件决定其在国家发展大局中的战略定位。特别要看到,共建"一带一路"的高质量发展、区域开放布局的不断优化、区域重大战略的深入实施等,正给不同地区带来基于新的区位优势的战略定位。

加快推进中国式现代化的战略谋划

不谋全局者,不足谋一域。牢牢把握在国家发展大局中的战略定位这一重要要求,放眼全局谋一域,体现深刻的历史逻辑、理论逻辑、实践逻辑,与完整、准确、全面贯彻新发展理念,加快构建新发展格局,推动高质量发展是内在统一、高度契合的,彰显了习近平总书记高瞻远瞩的战略眼光。在百年变局加速演进的历史大背景下,坚持全国一盘棋,让各个地区牢牢把握在国家发展大局中的战略定位,各展所长、优势互补,就能加快推进中国式现代化。

有利于充分发挥各地比较优势，塑造我国发展新优势。一个地区基于自身自然条件、经济条件、区位条件等牢牢把握在国家发展大局中的战略定位，一个重要的出发点和落脚点就是认清并发挥自身的比较优势。比较优势意味着竞争优势，可以转化为发展优势。各个地区各有所长，也各有所短。扬自身所长、锻自身长板，发挥比较优势、发展优势产业，是各个地区推动经济社会发展的关键。

发挥比较优势、发展优势产业，是习近平总书记在地方考察、主持召开座谈会时十分关心的问题。习近平总书记强调江西要"努力构建体现江西特色和优势的现代化产业体系"，浙江"要在以科技创新塑造发展新优势上走在前列"，京津冀协同发展"要把北京科技创新优势和天津先进制造研发优势结合起来"，东北"要以科技创新推动产业创新，加快构建具有东北特色优势的现代化产业体系"。这里所强调的优势，既有基于自然条件等先天获得的比较优势，又有基于科技创新等后天创造的比较优势；既立足国内不同地区的实际情况，又放眼国际竞争新态势。

从国家发展大局来看，各个地区充分发挥自身比较优势，不但能推动本地区发展，而且能聚合成我国发展新的比较优势，这对于在国际竞争日益激烈的背景下加快推进中国式现代化至关重要。我国改革开放后经济的快速发展，离不开比较优势的发挥。当前，面对美西方国家利用高科技比较优势的遏制围堵

■ **如何抓好落实**

打压，面对一些发展中国家利用低成本比较优势的追赶，我国要形成参与国际合作和竞争新优势，必须塑造新的比较优势，实现比较优势的动态升级。各个地区"各美其美"，发挥比较优势，最终才能"美美与共"，聚合成我国发展新的比较优势，推动高质量发展不断取得新成效。

有利于优化区域经济布局，拓展我国发展动力源。我国作为幅员辽阔的大国，如何根据时与势的变化优化重大生产力布局、优化区域经济布局，不断形成发展的动力源和增长极，始终是现代化建设中的一个重大问题。党的十八大以来，以习近平同志为核心的党中央提出京津冀协同发展、长江经济带发展、粤港澳大湾区建设、长三角一体化发展、黄河流域生态保护和高质量发展等具有全局性意义的区域重大战略。这些区域重大战略在国家发展大局中都有各自的战略定位，从全局谋划一域，以一域服务全局，连接东中西，协调南北方，在动力源和增长极上固本兴新，对于中国式现代化的战略意义不言而喻。

习近平总书记在地方考察、主持召开座谈会时，对一系列区域重大战略都是从国家发展大局去定位、去谋划，对其发挥动力源和增长极作用寄予厚望，并明确不同省区市在其中的角色。比如，对于京津冀，习近平总书记将其定位为"引领全国高质量发展的三大重要动力源之一""中国式现代化建设的先行区、示范区"，强调"要唱好京津'双城记'""河北要发挥环京津的地缘优势，从不同方向打造联通京津的经济廊道"；对于粤港澳大湾区，习近平总书记将其定位为"新发展格局的战略支点、高质量发展的示范地、中国式现代化的引领地"，要求广东将粤港澳大湾区建设"摆在重中之重""举全省之力办好这件大事"；对于长江经济带，习近平总书记强调其"事关全国发展大局"，要求"沿江省市既要各展优势，又要协同发展、错位发展、联动发展"。深入学习贯彻习近平总书记重要讲话精神，深入领会党中央对不同区域重大战略的战略定位和战略考量，深入推进区域内部协同，就能进一步优化区域经济布局，使我国发展的动力源不断拓展、更加强劲。

有利于统筹发展和安全，掌握我国发展主动权。安全是发展的前提，发展是安全的保障。一个国家在发展中如果放松了安全这根弦，就可能犯战略性、颠覆性错误。这样的例子在中外历史上并不鲜见。构建新发展格局，着眼于统筹发展和安全，是要牢牢把握未来发展主动权。高质量发展，追求的是更为安全的发展。没有安全，发展就不可持续，高质量发展就无从谈起。在世界进入新的动荡变革期、"黑天鹅""灰犀牛"事件随时可能发生的新形势下，更好统筹发展和安全，必须以底线思维进行战略谋划。

习近平总书记在进一步推动长江经济带高质量发展座谈会上强调"以一域之稳为全局之安作出贡献"，深刻揭示各个地区在"全局之安"中的重要作用。牢牢把握在国家发展大局中的

■ 如何抓好落实

战略定位，要求各个地区把"一域之稳"与"全局之安"紧密联系起来。比如，民以食为天，14亿多人口的吃饭问题事关"全局之安"。习近平总书记在考察中强调"黑龙江要当好国家粮食安全'压舱石'""打造新时代更高水平的'天府粮仓'"，就是从保障我国粮食安全对黑龙江、四川的一个战略定位。又如，能源是工业的粮食、国民经济的命脉，但我国的能源对外依存度一直较高。习近平总书记在考察中强调"做大做强国家重要能源基地，是内蒙古发展的重中之重"，就是从保障我国能源安全对内蒙古的一个战略定位。再如，大自然是人类之母，诗意栖居是人们的美好愿景，生态恶化影响的是人类生存的根基。习近平总书记在听取陕西省委和省政府工作汇报时强调"守护好黄河母亲河""守护好我国中央水塔"，这是从保障我国生态安全对陕西提出的重要要求。每个地区都从国家安全高度把握自身在国家发展大局中的战略定位，以一域之稳为全局之安作出贡献，我们就能更好统筹发展和安全，始终把我国发展进步的命运牢牢掌握在自己手中。

为强国建设、民族复兴伟业凝聚磅礴力量

习近平总书记强调："全面建设社会主义现代化国家，是一项伟大而艰巨的事业，前途光明，任重道远。"今天，中国式现代化正在960多万平方公里的中国大地上生动铺展，每个地区

都有自己的战略定位，都是主阵地，都要深刻领悟"两个确立"的决定性意义，增强"四个意识"、坚定"四个自信"、做到"两个维护"，鼓足干劲为强国建设、民族复兴伟业贡献各自力量、凝聚磅礴力量。

提高政治站位，牢记"国之大者"。习近平总书记在主持召开高标准高质量推进雄安新区建设座谈会时强调："牢牢把握党中央关于雄安新区的功能定位、使命任务和原则要求，提高政治站位，保持历史耐心"。牢牢把握在国家发展大局中的战略定位，首先有一个站位问题。站位决定视野、影响格局。是站在党和国家事业发展全局看问题，还是囿于自身"一亩三分地"作判断，决策和行动就大不一样。我们党是中国式现代化的坚强领导核心，党中央总揽全局、协调各方，站得高、看得远、谋得深，对"国之大者"总是从国内与国际、历史与现实相结合的高度进行科学判断，对一个地区的战略定位总是从全局与局部、需要与可能相结合的高度进行科学分析，入乎其中、出乎其外，有着深远战略考量。领导干部为官一任需要造福一方，但不能因此产生本位主义，忘记在国家发展大局中的战略定位，只打自己的小算盘，甚至以局部利益牺牲全局利益。无论身处什么岗位，领导干部都要提高政治站位，善于站在党和国家事业发展的全局看问题，时刻关注党中央在关心什么、强调什么，深刻领会什么是党和国家最重要的利益、什么是最需要坚定维护的立场，牢记"国之大者"，做到既为一域争光、又为全局添

■ 如何抓好落实

彩。这也是对领导干部政治判断力、政治领悟力、政治执行力的重要检验。

保持平常心和战略定力，树立和践行正确政绩观。习近平总书记在进一步推动长江经济带高质量发展座谈会上强调："要以主题教育为契机，教育引导广大干部树立和践行正确政绩观，提高推动高质量发展的本领。"能否牢牢把握在国家发展大局中的战略定位，与能否树立和践行正确政绩观密切相关。领导干部都想在工作中出亮点、出政绩，这种积极性值得肯定，但创造政绩必须从一个地区实际出发，遵循经济社会发展规律，既不能因循守旧不进取，也不能好高骛远不务实，更不能偏离战略定位盲目干一些自身干不了也干不好的事。习近平总书记在谈到东北在粮食安全上的作用时指出："确保平时产得出、供得足，极端情况下顶得上、靠得住。这就是一种全局思想。继续当中国的北大仓，和长三角地区是中国的尖端科技的中心，同样是光荣的，同样是重要的。"这一重要论述对于纠正一些领导干部在政绩观上的偏差具有重要指导意义。全国经济社会发展是一盘棋，各地自然条件、经济条件、区位条件不同，战略定位、责任作用也不同，在产业结构上不可能也没必要"齐步走"。领导干部不能脱离实际盲目"追新、攀大、求全"，看见什么产业热点就一哄而上，最终导致大量低水平重复建设和产能过剩。牢牢把握在国家发展大局中的战略定位，在政绩观上要有平常心、自信心，保持战略定力、明确责任担当，坚持走合理分工、优化发展的路子，围绕各自的战略定位展现雄心壮志，积极进取、奋力拼搏，在推动高质量发展中创造经得起实践、人民、历史检验的实绩。

促进区域协调发展，扎实推进共同富裕。习近平总书记在广东考察时指出："全体人民共同富裕是中国式现代化的本质特征，区域协调发展是实现共同富裕的必然要求。"对于中国这样一个大国来说，各地自然条件、经济条件、区位条件等的差异决定了区域发展不平衡是难以避免的，但必须在发展中促进相对平衡，不断促进共同富裕。只有不断健全体制机制，深入实施区域协调发展战略，让现代化建设成果更多更公平惠及全体人民，才能让各个地区保持战略定力，牢牢把握自身在国家发展大局中的战略定位，心无旁骛肩负起自己的战略使命。我们有社会主义制度的优越性，有党中央的坚强领导，完全有条件有能力做好这一点。比如，对于承担保障国家粮食安全重任的地区，要看到目前农业比较效益偏低的现实，建立健全种粮农民收益保障机制、粮食主产区利益补偿机制。对于承担保障国家生态安全重任的地区，要全面建立生态补偿制度，健全区际利益补偿机制和纵向生态补偿机制，真正把绿水青山变成金山银山。对于承担保障国家边疆安全重任的地区，要完善机制增强其发展能力，使之有一定的人口和经济支撑，以促进民族团结和边疆稳定。发挥我们的制度优势，把不同地区的利益关系用制度理顺，更好促进区域协调发展、全体人民共同富裕，就

■ 如何抓好落实

能极大提升不同地区坚守自身战略定位的自觉性和坚定性,在中国发展大棋局中车马炮各展其长,共同为强国建设、民族复兴伟业贡献力量。

(叶帆)

(《人民日报》2023年11月23日第9版)

深刻把握总体要求和政策取向 巩固和增强经济回升向好态势

习近平总书记在去年底召开的中央经济工作会议上，全面总结2023年经济工作，深刻分析当前经济形势，系统部署2024年经济工作，为做好当前和今后一个时期的经济工作提供了根本遵循和行动指南。我们要认真学习领会、全面贯彻落实习近平总书记重要讲话精神，完整、准确、全面贯彻新发展理念，全面深化改革开放，推动高水平科技自立自强，加大宏观调控力度，统筹扩大内需和深化供给侧结构性改革，统筹新型城镇化和乡村全面振兴，统筹高质量发展和高水平安全，切实增强经济活力、防范化解风险、改善社会预期，巩固和增强经济回升向好态势，持续推动经济实现质的有效提升和量的合理增长，以中国式现代化全面推进强国建设、民族复兴伟业。

■ 如何抓好落实

深刻认识当前我国经济发展面临的总体形势

去年以来，在以习近平同志为核心的党中央坚强领导下，我们坚持稳中求进工作总基调，顶住外部压力、克服内部困难，着力扩大内需、优化结构、提振信心、防范化解风险，推动经济持续恢复发展，全面建设社会主义现代化国家迈出坚实步伐。

2023年，我国圆满实现经济社会发展主要预期目标，为今年经济发展打下坚实基础。我国经济波浪式发展、曲折式前进、趋势性向好，在战胜挑战中不断发展，展现出旺盛活力、不竭动力和巨大潜力，总体呈现"稳""进""好"特征。经济总体回升向好。2023年1—3季度国内生产总值同比增速分别为4.5%、6.3%、4.9%，前三季度同比增长5.2%，就业物价总体平稳，国际收支基本平衡，外汇储备规模稳定在3万亿美元以上。经济结构进一步调整优化。内循环主导作用明显增强，前三季度内需对经济增长的贡献率达到113%；传统产业加快转型升级，战略性新兴产业蓬勃发展，未来产业有序布局，新旧动能加快转换。高质量发展扎实推进。全国统一大市场建设加快推进，营商环境进一步优化，前三季度新设经营主体同比增长12.7%。居民收入增速快于经济增长，前三季度全国居民人均可支配收入同比实际增长5.9%。

我国发展面临的机遇和挑战并存，有利条件强于不利因素。从风险挑战看，世界百年未有之大变局加速演进，国际力量对比深刻调整，大国博弈更趋激烈，地缘政治冲突加剧，在高通胀、高债务、高利率制约下，世界经济增长动能趋弱，风险挑战增多，外部环境对我发展的不利影响加大。与此同时，国内有效需求不足、部分行业产能过剩、社会预期偏弱、风险隐患仍然较多，这些都需要我们在发展中着力破解。从发展机遇看，求和平、谋发展仍然是各国人民共同心愿，经济全球化仍是大势所趋，新一轮科技革命和产业变革正在重塑世界经济结构，全球政治经济格局调整中蕴含新的机遇。我国是全球增长的主要动力源和稳定器，在世界经济中的位势不断巩固提升，国际影响力、感召力、塑造力持续增强，有利于为以中国式现代化全面推进强国建设、民族复兴伟业营造更有利国际环境、提供更坚实战略支撑。同时，我国社会主义市场经济的体制优势、超大规模市场的需求优势、产业体系配套完整的供给优势、大量高素质劳动者和企业家的人才优势持续显现，产业链供应链韧性和安全水平不断提升，全面深化改革为发展注入新动力，支撑高质量发展的要素条件不断聚集增加，宏观政策空间仍然充足，发展的韧性强、潜力足、回旋余地广，经济回升向好、长期向好的基本趋势没有改变。

■ 如何抓好落实

坚持稳中求进、以进促稳、先立后破

中央经济工作会议要求"坚持稳中求进、以进促稳、先立后破",彰显了党中央从战略全局出发,对时与势的准确把握,对做好当前和今后一个时期经济工作具有十分重要的指导意义,我们要认真领会其深刻内涵。

坚持稳中求进,稳是大局和基础。稳中求进工作总基调是我们党治国理政的重要原则,也是做好经济工作的方法论。稳的重点要放在稳定经济运行上,确保增长、就业、物价不出现大的波动。改革是动力、发展是目的、稳定是前提,我国经济发展取得历史性成就的一条重要经验就是坚持统筹改革发展稳定。改革开放以来,我国坚持中国特色社会主义道路,不断完善各方面体制机制,全面深化重点领域改革,制度优势不断彰显,国家治理效能不断提升;积极发挥国家发展规划的战略导向作用,坚持系统观念,做好全局谋划,兼顾当前和长远,科学实施宏观调控,促进经济平稳运行;在保持社会大局稳定的前提下,积极稳妥、循序渐进促改革谋发展,通过以增量带存量,不断推动增长、优化结构、提高质效,创造了经济快速发展和社会长期稳定两大奇迹。在实际工作中,要紧密联系经济运行,紧扣发展突出矛盾,多出有利于稳预期、稳增长、稳就业的政策,谨慎出台收缩性、抑制性举措,加强经济宣传和舆论引导,积极提振发展信心，努力保持经济平稳健康发展，为"进"创造有利条件。

坚持以进促稳，进是方向和动力。进的重点要放在调整经济结构和深化改革开放上，掌握稳定经济增长、引导社会预期、防范化解风险等工作的战略主动，在转方式、调结构、提质量、增效益上积极进取，不断巩固稳中向好的基础。经济社会平稳发展，才能为调整经济结构和深化改革开放创造稳定宏观环境；调整经济结构和深化改革开放取得实质性进展，才能为经济社会平稳健康运行、实现高质量发展创造良好预期和新的动力。新征程上，必须把握好稳和进的关系，坚持在大局稳定中谋发展，在发展前进中破难题，确保经济发展行稳致远。在实际工作中，要聚焦经济建设这一中心工作和高质量发展这一首要任务，积极进取、开拓创新，抓住一切有利时机，利用一切有利条件，坚定不移全面深化改革开放，强化重点领域和关键环节改革攻坚，建设更高水平开放型经济新体制，加快科技自立自强，建设现代化产业体系，持续激发和释放经济增长内生动力。

坚持先立后破，统筹兼顾、辩证对待稳和进。稳和进、立和破是辩证统一、相辅相成的，要作为一个整体来把握。该立的要积极主动立起来，用好科学合理的新机制、新经验、新规则，打造新的增长动能。该破的要在立的基础上坚决地破，不符合新时代要求的体制机制和政策举措要及时破除。同时要稳扎稳打，尊重规律，把握好时度效，不能脱离实际、急于求成，要

■ 如何抓好落实

避免一刀切的做法，努力实现最好效果。在实际工作中，必须统筹好立和破的辩证关系，加强前瞻性谋划、战略性布局、整体性推进，积极稳妥、蹄疾步稳做好各项工作，推动新旧动能接续转换，在固本培元中加快塑造高质量发展新优势。首先要会立，不断完善制度顶层设计，做好年度工作和中长期目标任务衔接，持续深化供给侧结构性改革，着力扩大有效需求，稳步推进传统产业转型升级，不断培育新动能新优势；其次要善破，对不合时宜的旧制度、反复出现的老问题，要因时制宜、因地制宜加以改革，不断破除制约高质量发展的体制机制障碍，不断解放和发展生产力。

狠抓落实做好今年经济工作

我们要认真贯彻落实习近平总书记在中央经济工作会议上的重要讲话精神，深刻把握经济工作的总体要求和政策取向，深入贯彻落实党中央关于经济工作的决策部署，巩固和增强经济回升向好态势，持续推动经济实现质的有效提升和量的合理增长。

加大宏观调控力度。强化宏观政策逆周期和跨周期调节，积极的财政政策要适度加力、提质增效，稳健的货币政策要灵活适度、精准有效。增强宏观政策取向一致性，加强财政、货币、就业、产业、区域、科技、环保等政策协调配合，把非经济性政策纳入宏观政策取向一致性评估，强化政策统筹，确保同向发力、形成合力。

加快建设现代化产业体系。壮大国家战略科技力量，坚持创新链产业链资金链人才链一体部署，深入实施重点产业链高质量发展行动，发展新质生产力。大力推进新型工业化，发展数字经济，加快推动人工智能发展。打造若干战略性新兴产业，开辟未来产业新赛道。广泛应用数智技术、绿色技术，加快传统产业转型升级。

坚定不移扩大国内有效需求。积极培育智能家居、文娱旅游、体育赛事、国货"潮品"等新的消费增长点。稳定和扩大传统消费，提振新能源汽车、电子产品等大宗消费。有力有序推进"十四五"规划102项重大工程及其他经济社会领域重大项目建设，加快推进灾后恢复重建和提升防灾减灾救灾能力项目建设。

全面深化重点领域改革。加快推进全国统一大市场建设，着力破除各种形式的地方保护和市场分割，营造市场化法治化国际化一流营商环境。深入实施国有企业改革深化提升行动，健全中国特色国有企业现代公司治理。促进民营企业发展壮大，畅通民营企业诉求反映和问题解决通道。

扩大高水平对外开放。促进外贸稳规模优结构，拓展中间品贸易、服务贸易、数字贸易、跨境电商出口。深入实施自贸试验区提升战略，推动赋予自贸试验区、海南自由贸易港等更

■ 如何抓好落实

多自主权。稳定和扩大利用外资规模，持续提升境外投资质量和水平。抓好支持高质量共建"一带一路"八项行动的落实落地。

防范化解重点领域风险。统筹化解房地产、地方债务、中小金融机构等风险，坚决守住不发生系统性风险的底线。因城施策用足用好政策工具箱，支持刚性和改善性住房需求。加快推进保障性住房建设、"平急两用"公共基础设施建设和城中村改造。建立防范化解地方债务风险长效机制，优化债务结构。

推进农业农村现代化。抓好粮食和重要农产品生产，扎实推进新一轮千亿斤粮食产能提升行动，提高高标准农田建设投入标准，切实保障化肥农药等农资生产供应。加大对产粮大县支持力度，推动提升公共服务能力。加快乡村产业提质升级，发展乡村富民产业。学习运用"千万工程"经验，建设宜居宜业和美乡村。

促进城乡融合、区域协调发展。推进以县城为重要载体的新型城镇化建设，促进农业转移人口在城镇稳定就业。深入实施区域重大战略，推进京津冀协同发展、长江经济带高质量发展、粤港澳大湾区建设、长三角一体化发展、黄河流域生态保护和高质量发展，高标准高质量推进雄安新区建设。

深入推进绿色低碳发展。统筹山水林田湖草沙一体化保护和系统治理，持续深入打好污染防治攻坚战，加快补齐环境基础设施短板弱项。完善生态产品价值实现机制，健全生态保护补偿制度。扎实推进"碳达峰十大行动"，加快建设新型能源体系。加快重点行业和重要企业节能降碳改造,大力发展循环经济。

切实做好民生保障工作。做好重点群体就业工作,多渠道促进灵活就业。分类分步推进常住地提供基本公共服务,促进教育、医疗等公共服务便利共享。完善生育支持政策体系,健全普惠托育、普惠养老等服务体系,发展银发经济。加强煤电油气运保障协调,切实做好重要商品保供稳价工作。

(国家发展改革委党组)

(《人民日报》2024年1月17日第9版)

■ 如何抓好落实

必须把推进中国式现代化作为最大的政治

去年底召开的中央经济工作会议提出："必须把推进中国式现代化作为最大的政治，在党的统一领导下，团结最广大人民，聚焦经济建设这一中心工作和高质量发展这一首要任务，把中国式现代化宏伟蓝图一步步变成美好现实。"这是新时代做好经济工作的一条规律性认识，彰显我们党对历史发展规律和大势的深刻把握，为我们牢牢掌握党和国家事业发展的历史主动，以中国式现代化全面推进强国建设、民族复兴伟业指明了前进方向、提供了根本遵循。

建设社会主义现代化国家是我们党一以贯之的奋斗目标

中国共产党是为中国人民谋幸福、为中华民族谋复兴的党。我们党团结带领中国人民所进行的一切奋斗，就是为了把我国建设成为现代化强国，实现中华民族伟大复兴。一百多年来，我们党始终坚守初心使命，坚持把远大理想和阶段性目标统一起来，锚定奋斗目标，接续奋斗、艰苦奋斗、不懈奋斗。在这个过程中，我们党对建设社会主义现代化国家在认识上不断深入、在战略上不断成熟、在实践上不断丰富，领导人民成功走出中国式现代化道路。把推进中国式现代化作为最大的政治，与我们党一以贯之的奋斗目标是内在统一、紧密联系的。

新民主主义革命时期，我们党团结带领人民，浴血奋战、百折不挠，实现了民族独立、人民解放，为实现现代化创造了根本社会条件。新中国成立以后，我们党孜孜以求，团结带领人民对中国现代化建设进行了艰辛探索，为现代化建设奠定了根本政治前提和宝贵经验、理论准备、物质基础。改革开放和社会主义现代化建设新时期，我们党作出把党和国家工作中心转移到经济建设上来、实行改革开放的历史性决策，提出"中国式的现代化"论断，制定了到21世纪中叶分三步走、基本实现社会主义现代化的发展战略，团结带领人民实现了从生产力相对落后的状况到经济总量跃居世界第二的历史性突破，实现了人民生活从温饱不足到总体小康、奔向全面小康的历史性跨越，为中国式现代化提供了充满新的活力的体制保证和快速发展的物质条件。

■ 如何抓好落实

新时代以来，面对涉滩之险、爬坡之艰、闯关之难，我们党团结带领人民迎难而上、知难而进，成功推进和拓展了中国式现代化，为强国建设、民族复兴提供了更为完善的制度保证、更为坚实的物质基础、更为主动的精神力量。在这个历史进程中，我们走过弯路，也遭遇过一些意想不到的困难和挫折，但建设社会主义现代化国家的意志和决心始终没有动摇。我们一代一代地接力推进，取得举世瞩目、彪炳史册的辉煌业绩。

党的二十大科学擘画了全面建成社会主义现代化强国、全面推进中华民族伟大复兴的宏伟蓝图，明确新时代新征程"中国共产党的中心任务就是团结带领全国各族人民全面建成社会主义现代化强国、实现第二个百年奋斗目标，以中国式现代化全面推进中华民族伟大复兴"。这是我们党作出的郑重宣示，是激励全党全国各族人民奋进新征程、建功新时代的总动员令。只有在准确认识和把握社会主要矛盾的基础上确定中心任务，才能推动党和人民事业沿着正确方向前进。新征程上，全面建设社会主义现代化国家、全面推进中华民族伟大复兴，必须走中国式现代化道路，必须把推进中国式现代化作为最大的政治。

中国式现代化是强国建设、民族复兴的康庄大道

习近平总书记指出："中国幅员辽阔、人口众多，要想发展振兴，最重要的就是立足国情、走自己的路。"在中国式现代化

道路上，我们用几十年时间走完西方发达国家几百年走过的工业化历程，创造了经济快速发展和社会长期稳定的奇迹，如期全面建成小康社会、实现了第一个百年奋斗目标，中华民族伟大复兴进入了不可逆转的历史进程，正向着实现第二个百年奋斗目标奋勇前进。历史和实践充分证明，中国式现代化是强国建设、民族复兴的康庄大道，这决定了我们必须把推进中国式现代化作为最大的政治。

中国式现代化既有各国现代化的共同特征，体现人类社会发展规律，更有基于自己国情的鲜明特色，切合中国实际，体现社会主义建设规律。中国式现代化是人口规模巨大的现代化。人口众多是我国的基本国情。我们致力于团结奋斗，汇聚蕴藏在人民中的无穷智慧和力量，让全体中国人民一起迈向现代化。中国式现代化是全体人民共同富裕的现代化。摆脱贫困是中华民族的千年梦想，共同富裕是中国人民的共同期盼。我们致力于在不断发展的基础上把促进社会公平正义的事情做好，着力保障和改善民生，扎实推进共同富裕。中国式现代化是物质文明和精神文明相协调的现代化。物质贫困不是社会主义，精神贫乏也不是社会主义。我们致力于全面发展，在不断提高国家经济实力、人民生活水平的同时，不断丰富人民精神世界、提高全社会文明程度，不断促进人的全面发展。中国式现代化是人与自然和谐共生的现代化。"天人合一""道法自然"是中华优秀传统文化的重要理念。我们致力于永续发展，坚持绿水青山就是金山银山的理

■ 如何抓好落实

念,坚持山水林田湖草沙一体化保护和系统治理,让人与自然和谐共生。中国式现代化是走和平发展道路的现代化。中华文明传承的是和平和睦和谐的理念。我们致力于同各国一道,实现和平发展、互利合作、共同繁荣的世界现代化,推动构建人类命运共同体。中国式现代化五个方面的中国特色,既是理论概括,也是实践要求,为全面建成社会主义现代化强国、实现中华民族伟大复兴指明了一条康庄大道。

　　同时也要认识到,康庄大道并不等于一马平川。中国式现代化是人类历史上规模最大的现代化,把五个方面的中国特色变为成功实践,把鲜明特色变成独特优势,是一项前无古人的开创性事业,必须准备付出更为艰巨、更为艰苦的努力。要毫不动摇坚持中国式现代化的中国特色、本质要求和重大原则,长期坚持、一抓到底、善作善成,确保中国式现代化的正确方向。同时,要结合各自具体实际开拓创新,特别是在前沿实践、未知领域,鼓励大胆探索、敢为人先,在因地制宜、因势而动、顺势而为中把握战略主动,以中国式现代化全面推进强国建设、民族复兴伟业。

把推进中国式现代化作为最大的政治需要把握好的几个重点

　　习近平总书记指出:"新征程上,我们要不忘初心、牢记使命，坚定历史自信、把握历史主动，把中国式现代化宏伟事业不断推向前进。"今年是新中国成立75周年，是实现"十四五"规划目标任务的关键一年。我们要全面贯彻党的二十大精神，紧紧围绕推进中国式现代化这个最大的政治，不忘初心、牢记使命，锐意进取、敢作善为，为推进强国建设、民族复兴伟业作出更大贡献。

把推进中国式现代化作为最大的政治，必须坚持党的领导。党的二十大报告提出："中国式现代化，是中国共产党领导的社会主义现代化"。党的领导决定中国式现代化的根本性质，确保中国式现代化锚定奋斗目标行稳致远，激发建设中国式现代化的强劲动力，凝聚建设中国式现代化的磅礴力量。只有毫不动摇坚持党的领导，中国式现代化才能前景光明、繁荣兴盛。我们必须坚持党在中国式现代化建设中的领导地位，深刻领悟"两个确立"的决定性意义，增强"四个意识"、坚定"四个自信"、做到"两个维护"，健全总揽全局、协调各方的党的领导制度体系，把党的领导落实到国家治理各领域各方面各环节，提高党科学执政、民主执政、依法执政水平，使党始终成为风雨来袭时全体人民最可靠的主心骨，确保我国社会主义现代化建设正确方向，确保拥有团结奋斗的强大政治凝聚力、发展自信心，集聚起万众一心、共克时艰的磅礴力量。

把推进中国式现代化作为最大的政治，必须坚持以人民为中心的发展思想。习近平总书记指出："现代化道路最终能否走

■ **如何抓好落实**

得通、行得稳，关键要看是否坚持以人民为中心。"人民是历史的创造者，是推进现代化最坚实的根基、最深厚的力量。中国式现代化是全体中国人民的事业，只有紧紧依靠人民才能不断创造新的历史伟业。要坚持人民主体地位，坚持党的领导、人民当家作主、依法治国有机统一，充分尊重人民所表达的意愿、所创造的经验、所拥有的权利、所发挥的作用，健全人民当家作主制度体系，充分激发全体人民的积极性主动性创造性。现代化的最终目标是实现人自由而全面的发展。要锚定人民对美好生活的向往，顺应人民对文明进步的渴望，努力实现物质富裕、政治清明、精神富足、社会安定、生态宜人，聚焦人民群众所思所盼所忧所急，解决好同老百姓生活息息相关的就业、教育、医疗卫生、养老托幼、社会保障等民生问题，使人民获得感、幸福感、安全感更加充实、更有保障、更可持续，推动全体人民共同富裕取得更为明显的实质性进展。

把推进中国式现代化作为最大的政治，必须聚焦经济建设这一中心工作和高质量发展这一首要任务。习近平总书记强调："中国经济克服挑战、稳步前行，实现高质量发展，这也是推进中国式现代化的必然要求。"经济建设是党的中心工作，抓住了中心工作这个牛鼻子，把发展作为第一要务，其他工作就可以更好展开。高质量发展是全面建设社会主义现代化国家的首要任务，是新时代的硬道理。只有坚持高质量发展，才能为中国式现代化构筑坚实的物质技术基础，才能不断满足人民日益增长的美好生活需要。我们必须聚焦经济建设这一中心工作和高质量发展这一首要任务，坚持稳中求进工作总基调，完整、准确、全面贯彻新发展理念，加快构建新发展格局，着力推动高质量发展，全面深化改革开放，推动高水平科技自立自强，加大宏观调控力度，统筹扩大内需和深化供给侧结构性改革，统筹新型城镇化和乡村全面振兴，统筹高质量发展和高水平安全，持续推动经济实现质的有效提升和量的合理增长，增进民生福祉，保持社会稳定，不断壮大我国经济实力、科技实力、综合国力，为强国建设、民族复兴伟业添砖加瓦、增光添彩。

（北京市习近平新时代中国特色社会主义思想研究中心）

（执笔：黄泰岩）

（《人民日报》2024年1月23日第9版）

■ 如何抓好落实

坚持狠抓落实

　　空谈误国，实干兴邦。党的十八大以来，习近平总书记围绕狠抓落实作出一系列重要论述，强调"要把抓落实作为开展工作的主要方式，动脑子、想办法，拿出真招实招来，切实把党中央决策部署的各项任务一项一项抓好""要坚持真抓实干、狠抓落实，一切工作都要往实里做、做出实效，不好高骛远、不脱离实际，力戒形式主义、官僚主义"。去年底召开的中央经济工作会议强调："要坚持和加强党的全面领导，深入贯彻落实党中央关于经济工作的决策部署。要不折不扣抓落实，确保最终效果符合党中央决策意图。要雷厉风行抓落实，统筹把握时度效。要求真务实抓落实，坚决纠治形式主义、官僚主义。要敢作善为抓落实，坚持正确用人导向，充分发挥各级领导干部的积极性主动性创造性。"这充分彰显了我们党强烈的使命担当和崇高的为民情怀，深刻体现了习近平新时代中国特色社会主义思想的世界观和方法论，为我们深入贯彻落实党中央关于经济工作的决策部署指明了方向、提供了遵循。

深刻认识狠抓落实的重要意义

一个行动胜过一打纲领。反对空谈、强调实干、注重落实，是我们党的优良传统。"落实"是知与行的贯通、理论与实践的结合。离开了落实，一切都是空谈。"狠抓"体现的是落实的态度和质量。抓而不紧，等于不抓；抓而不实，等于白抓。狠抓落实，就要有咬定青山不放松的韧劲、不达目的不罢休的拼劲，真正把各项工作落到实处、抓出成效。党的十八大以来，面对错综复杂的国际形势、艰巨繁重的国内改革发展稳定任务，习近平总书记强调要"增强狠抓落实本领"，做到一分部署、九分落实，抓铁有痕、踏石留印，发扬钉钉子精神，积小胜为大胜，务求取得实效；警醒全党"不注重抓落实，不认真抓好落实，再好的规划和部署都会沦为空中楼阁"。新时代，我们党之所以能够打赢脱贫攻坚战、全面建成小康社会，推动党和国家事业取得历史性成就、发生历史性变革，一个重要原因就在于以钉钉子精神抓部署、抓落实、抓督查，不获全胜决不收兵。事实反复证明，抓好落实，我们的事业就能充满生机；抓不好落实，再好的蓝图也只是镜中花、水中月。

■ 如何抓好落实

党的二十大明确了新时代新征程我们党的中心任务，就是团结带领全国各族人民全面建成社会主义现代化强国、实现第二个百年奋斗目标，以中国式现代化全面推进中华民族伟大复兴。面对新形势新任务，我们必须整体把握新时代新征程党和国家事业发展的目标任务、战略部署、重大举措，紧密结合本地区本部门实际真抓实干，务实功、出实招、求实效，善作善成，坚决杜绝口号式、表态式、包装式落实的做法。对当务之急，要立说立行、紧抓快办，不能慢慢吞吞、拖拖拉拉；对长期任务，要保持战略定力和历史耐心，坚持一张蓝图绘到底，滴水穿石，久久为功。要强化精准思维，坚持"致广大而尽精微"，做到谋划时统揽大局、操作中细致精当，以绣花功夫把工作做扎实、做到位。只要我们坚持实干兴邦、实干惠民，就一定能够把全面建设社会主义现代化国家的宏伟蓝图一步步变成现实。

全面把握狠抓落实的基本要求

狠抓落实必须维护党中央权威。习近平总书记指出："治理我们这样的大党大国，如果没有党中央权威和集中统一领导，如果没有全党全国思想统一、步调一致，什么事也办不成。"《关于新形势下党内政治生活的若干准则》提出："对党中央决策部署，任何党组织和任何党员都不准合意的执行、不合意的不执行，不准先斩后奏，更不准口是心非、阳奉阴违。"要牢固树立全国一盘棋思想，自觉在大局下行动，坚持小道理服从大道理、地方利益服从国家整体利益，坚持算大账、算长远账，不打小算盘、不搞小聪明，自觉防止和反对个人主义、分散主义、自由主义、本位主义，做到既为一域争光、又为全局添彩。属于部门和地方职权范围的工作部署，要以贯彻党中央决策部署为前提，发挥积极性主动性创造性，但决不能自行其是、各自为政，决不能有令不行、有禁不止，决不能搞上有政策、下有对策。

狠抓落实必须紧紧依靠人民群众。习近平总书记指出："坚持人民主体地位，充分调动人民积极性，始终是我们党立于不败之地的强大根基。"要教育引导广大党员干部深刻认识党的性质宗旨，坚持一切为了人民、一切依靠人民，始终把人民放在心中最高位置、把人民对美好生活的向往作为奋斗目标，推动改革发展成果更多更公平惠及全体人民，推动共同富裕取得更为明显的实质性进展。抓住人民群众最关心最直接最现实的利益问题，抓住最需要关心的人群，一件事情接着一件事情办、一年接着一年干，锲而不舍向前走，推动人民群众反映强烈的突出问题不断解决，持续增强人民群众的获得感幸福感安全感，把14亿多中国人民凝聚成推动中华民族伟大复兴的磅礴力量。

狠抓落实必须防止形式主义和官僚主义。习近平总书记指出："抓落实来不得花拳绣腿，光喊口号、不行动不行，单单开会、发文件不够，必须落到实处。抓落实，是党的政治路线、思想路线、群众路线的根本要求"。狠抓落实，就要转变工作作

■ 如何抓好落实

风,把更多力量和资源向基层下沉,在务实功、求实效上下功夫,力戒形式主义、官僚主义。防止形式主义和官僚主义,需要在狠抓落实时增强创造性。在我国,不同地区的经济条件、自然条件不均衡是客观存在的,抓落实不能照搬照抄、上下一般粗。要坚持实事求是、求真务实,从实际出发谋划工作,使提出的政策、举措、方案符合实际情况、符合客观规律、符合科学精神,以创造性工作把党中央决策部署落到实处。各地区各部门要加强协同配合,增强政策举措的灵活性、协调性、配套性,努力取得最大政策效应。

狠抓落实必须树立正确政绩观。习近平总书记指出,抓落实"也是衡量领导干部党性和政绩观的重要标志"。广大党员干部必须按照党中央的要求,牢记党和人民的嘱托,树立正确政绩观,既要与时俱进、勇于开拓,又要领悟政贵有恒的道理。发扬"功成不必在我、功成必定有我"的精神,坚持一张蓝图绘到底。对于已有的部署和规划,只要是科学的、契合新的实践要求的、符合人民群众愿望的,就要坚持,一茬接着一茬干。各地区各部门要牢牢把握在国家发展大局中的战略定位,找准服务和融入新发展格局的切入点,坚持有所为、有所不为,走合理分工、优化发展的路子,更好服务和融入新发展格局,决不能脱离实际硬干,更不能为了出政绩不顾条件蛮干。

坚持用好狠抓落实的重要方法

完善党中央重大决策部署落实机制。习近平总书记指出："健全总揽全局、协调各方的党的领导制度体系，完善党中央重大决策部署落实机制，确保全党在政治立场、政治方向、政治原则、政治道路上同党中央保持高度一致，确保党的团结统一。"各地区各部门都要自觉贯彻党中央决策部署，确保党总揽全局、协调各方。各级党组织要把相关责任落实到人到事，做到凡事都有人去管、去盯、去促、去干，每一件事责任主体是谁都应该清清楚楚。

领导干部要率先垂范。习近平总书记指出："抓落实，一把手是关键，要把责任扛在肩上"。各地区各部门主要领导干部，既要带领大家一起定好盘子、理清路子、开对方子，又要做到重要任务亲自部署、关键环节亲自把关、落实情况亲自督查，不能高高在上、凌空蹈虚，不能只挂帅不出征。领导干部要把增强"四个意识"、坚定"四个自信"、做到"两个维护"落实到行动上，弘扬真抓实干作风，推动工作要实打实、硬碰硬，解决问题要雷厉风行、见底见效，以钉钉子精神抓好攻坚难度大、影响面广、同老百姓关系密切的任务。

加强调查研究。习近平总书记指出："抓好落实，必须大兴调查研究之风，对真实情况了然于胸""要靠深入调查研究下功

■ 如何抓好落实

夫解难题，靠贴近实际和贴近群众的务实举措抓落实，靠一级压一级推动工作，确保党中央决策部署落地生根"。要加强调查研究，在抓落实时尽可能多听一听基层和一线的声音，尽可能多接触第一手材料，做到重要情况心中有数。对抓落实中遇到的新情况新问题，要及时研究、提出对策、积极化解。要发扬钉钉子精神，摸清情况，找到症结，锲而不舍、脚踏实地抓落实。不能遇到矛盾和问题就绕着走，遇到困难就打退堂鼓，而要真正下功夫解难题，直到问题彻底解决为止。

开展督促检查。习近平总书记指出："督察是抓落实的重要手段""以多种形式督促检查，指导和帮助各地区各部门分解任务、落实责任"。要围绕大局加强督办、促进落实，对党中央作出的重大决策、提出的原则性要求等，通过建章立制、督促检查等手段，一个一个跟踪问效，推动各项工作部署落实到位。要把督导的重点放在各级领导班子、领导干部特别是一把手身上，督任务、督进度、督成效，察认识、察责任、察作风，全面掌握作风上需要解决的突出问题，及时了解工作推进中的苗头性、倾向性问题，跟踪落实情况，该把的关口一定把好，该尽的责任一定尽到，确保把关到位、督导到位。要深入整治形式主义、官僚主义，减少名目繁多、变形走样的考核评估、督查检查等，让基层干部有更多精力为群众办实事。

严肃问责追责。习近平总书记指出："要建立问责机制，对不落实党中央决策部署的，要严肃追究责任。"现实中，还存在有的落实党中央决策部署不用心、不务实、不尽力，有的口号喊得震天响、行动起来轻飘飘，把说的当做了、把做了当做成了等情况，致使党的路线方针政策贯彻落实成效大打折扣。针对这些情况，要严肃问责追责，对违规违纪、破坏法规制度踩"红线"、越"底线"、闯"雷区"的，要坚决严肃查处。不管任何地方、任何时候、任何人，凡是需要追责的，都要一追到底，让制度成为刚性的约束和不可触碰的高压线。

（詹成付）

（《人民日报》2024年2月1日第9版）

■ 如何抓好落实

以战略思维观大势谋工作抓落实

  战略问题是一个政党、一个国家的根本性问题。党的十八大以来，习近平总书记多次强调战略问题，特别是对领导干部强化战略思维提出明确要求。在党的二十大报告中，习近平总书记基于我国发展面临新的战略机遇、新的战略任务、新的战略阶段、新的战略要求、新的战略环境，深刻分析和系统阐述了关乎党和国家事业发展的一系列重大战略问题，为我们以战略思维观大势、谋工作、抓落实提供了根本遵循。学深悟透习近平总书记关于战略思维的重要论述，对我们学懂弄通做实习近平新时代中国特色社会主义思想和党的二十大精神、努力做好本职工作，具有重要意义。

坚定战略自信，保持战略定力

"战略"是党的二十大报告的高频词。习近平总书记在二十届中央政治局第一次集体学习时再次强调，要"坚定战略自信"。党的二十大主题中表述的"自信自强"，报告开篇强调的"坚定历史自信"，贯穿习近平新时代中国特色社会主义思想的世界观和方法论中的"必须坚持自信自立"，这些"自信"都是战略意义上的自信。面对世界百年未有之大变局，我们必须保持战略清醒，坚定战略自信。没有强大的战略自信，就不可能有坚定的战略定力。

我们的战略自信主要来源于哪里？一是来源于"两个确立"的决定性意义。党的十八大以来，习近平总书记作为党中央的核心、全党的核心，以马克思主义政治家、思想家、战略家的雄才伟略，在风云变幻中举旗定向、掌舵领航，在大战大考中指挥若定、运筹帷幄，在惊涛骇浪中力挽狂澜、砥柱中流。实践充分证明，"两个确立"是推动党和国家事业取得历史性成就、发生历史性变革的决定性因素，是党应对一切不确定性的最大确定性、最大底气、最大保证。新时代新征程上，只要我们坚定拥护"两个确立"、坚决做到"两个维护"，按照中国特色社会主义事业"五位一体"总体布局和"四个全面"战略布局，坚定不移贯彻执行党中央制定的战略部署，中国特色社会

■ 如何抓好落实

主义巍巍巨轮必将乘风破浪、行稳致远。二是来源于百年大党的自立自强。坚持独立自主是党百年奋斗积累的十条历史经验之一。党的百年奋斗成功道路是党领导人民独立自主探索开辟出来的，马克思主义的中国篇章是中国共产党人依靠自身力量实践出来的，我们取得的一切成就是党和人民一道拼出来、干出来、奋斗出来的。百年大党在革命性锻造中更加成熟、更加坚强有力。百年党史启示我们，中国人民和中华民族从近代以后的深重苦难走向伟大复兴的光明前景，从来就没有教科书，更没有现成答案。只要我们坚定民族自尊心和自信心，脚踏实地地走自己选择的道路，在党的领导下团结奋斗，就一定能够到达理想的彼岸。三是来源于新时代十年伟大变革的具体实践。新时代的十年，是非凡发展的十年，是变革图强的十年，是民族腾飞的十年。十年来，我国人均国内生产总值水平不断提升，国家创新指数不断攀升，综合国力不断壮大，经济实力、科技实力、国防实力、文化软实力不断增强，特别是完成了脱贫攻坚、全面建成小康社会的历史性任务，取得了彪炳史册的历史性成就。经过十年巨变，中国人民的前进动力更加强大、奋斗精神更加昂扬、必胜信念更加坚定。实践充分证明，以习近平同志为核心的党中央提出并实施的战略布局和一系列战略性举措是符合中国实际、反映人民意愿、适应时代要求的，是行之有效、完全正确的。这一切都为我们信心百倍推进中华民族从站起来、富起来到强起来的伟大飞跃奠定了坚实基础、创造了良好条件、提供了重要保障。

保持战略自信,就要保持战略定力。没有战略定力,就谈不上有战略自信。习近平总书记指出,"当今世界,机遇和挑战并存。风云变幻,最需要的是战略定力"。保持战略定力,要求我们看世界、想问题、作决策时,不能被乱花迷眼,也不能被浮云遮眼。尤其是在事关国家和民族根本利益的问题上,脑子要特别清醒,眼睛要特别明亮,立场要特别坚定。战略目标、战略遵循、战略布局、战略步骤等一旦确立,就不能动摇犹豫、朝令夕改。保持战略定力,必须领会好运用好习近平新时代中国特色社会主义思想"六个必须坚持"的立场观点方法,必须倍加珍惜、始终坚持"五个必由之路",必须牢牢把握推进中国式现代化的"五个重大原则",做到"任凭风浪起、稳坐钓鱼台"。

保持战略定力,最核心的要求有三条:一是必须毫不动摇坚持中国共产党领导。没有中国共产党就没有新中国,也就没有中华民族伟大复兴。习近平总书记强调的"五个必由之路",阐述的我国发展仍具有的"五个战略性有利条件",提出的中国式现代化的本质要求,居首的都是坚持中国共产党领导。如果我们搞的现代化不是中国共产党领导的社会主义现代化,不是中国式现代化,而是西方化或者全盘西化,我们的现代化建设就没有今天这样的好局面,更谈不上有什么更好的未来。必须坚持和加强党的全面领导,坚决维护党中央权威和集中统一领导,

■ 如何抓好落实

把党的领导落实到党和国家事业各领域各方面各环节，确保我国社会主义现代化建设正确方向，确保拥有团结奋斗的强大政治凝聚力、发展自信心。二是必须坚持中国特色社会主义道路。中国特色社会主义是实现中华民族伟大复兴的必由之路，中国特色社会主义制度的显著优势是我国发展具有的战略性有利条件。要坚持道不变、志不改，坚持守正创新，既不走封闭僵化的老路，也不走改旗易帜的邪路，把是否符合完善和发展中国特色社会主义制度、推进国家治理体系和治理能力现代化的总目标作为全面深化改革的根本尺度，有定力、有主见，该改的、能改的坚决改，不该改的、不能改的坚决不改，决不能自失主张、自乱阵脚。三是必须坚定不移办好自己的事。办好自己的事，是赢得未来的战略关键。无论国际形势如何变化、风险挑战如何严峻，最根本的是把我们自己的事情做好。习近平总书记强调，"在国际较量中，政治运筹很重要，但说到底还是要看有没有实力、会不会运用实力。有足够的实力，政治运筹才有强大后盾，光靠三寸不烂之舌是不行的"。我们既要对各种干扰保持清醒和警惕，又要对自己的使命目标秉持执着和笃行，牢记空谈误国、实干兴邦，自信自强、守正创新，踔厉奋发、勇毅前行，扎扎实实办好自己的事，坚持把国家和民族发展放在自己力量的基点上，坚持把中国发展进步的命运牢牢掌握在自己手中。

强化战略思维,掌握战略主动

战略思维是系统观念的体现,辩证分析、系统谋划、守住底线是战略思维的应有之义。中国共产党历来高度重视战略策略问题,制定正确的战略策略是我们党战胜无数风险挑战、不断从胜利走向胜利的有力保证和宝贵经验。习近平总书记强调,战略思维永远是中国共产党人应该树立的思维方式。在党的二十大报告中,习近平总书记强调,不断提高战略思维、历史思维、辩证思维、系统思维、创新思维、法治思维、底线思维能力,为前瞻性思考、全局性谋划、整体性推进党和国家各项事业提供科学思想方法。坚持战略思维,就要高瞻远瞩、见微知著,善于把握事物发展的总体趋势和方向,从全局、长远、大势上作出判断和决策。

把握好谋全局与谋一域的关系。得其大者可以兼其小。毛泽东在《中国革命战争的战略问题》中指出,"战略问题是研究战争全局的规律的东西",讲的就是要胸怀大局、统揽全局。我们要自觉把一地一域的工作放在国际国内大背景和全党全国工作大局中去思考、去谋划、去把握,想问题、办事情都要以贯彻落实党中央决策部署为前提,使各项工作既为一域争光、又为全局添彩。

把握好抓当前与抓长远的关系。不谋万世者,不足谋一时。

■ 如何抓好落实

强化战略思维,要求我们从大历史观的高度把过去、现在与未来贯通起来,正确处理短期目标和长期目标的关系,按照"两步走"的战略安排,既立足当下把"十四五"规划执行好、把全面建设社会主义现代化国家开局起步好,又着眼全面建成社会主义现代化强国"两步走"的战略安排制定战略远景、战略规划,一张蓝图干到底,积小胜为大胜,以中国式现代化全面推进中华民族伟大复兴。

把握好抓主要矛盾与抓次要矛盾的关系。形势在变、任务在变,主要矛盾和矛盾的主要方面也在变。我国发展进入战略机遇和风险挑战并存、不确定难预料因素增多的时期,各种"黑天鹅""灰犀牛"事件随时可能发生,风高浪急甚至惊涛骇浪的重大考验随时可能到来。我们要紧紧围绕主要矛盾和中心任务,统筹抓好发展和安全这两件大事,把困难估计得更充分一些,把风险思考得更深入一些,注重抓关键、补短板、强弱项,有效防范和化解来自政治、经济、意识形态、自然界等方方面面的风险挑战考验。与以往的党代会报告相比,党的二十大报告在党和国家事业布局中,更加突出了教育科技人才、法治建设、国家安全这三个重要方面,同时把高质量发展作为全面建设社会主义现代化国家的首要任务,这就体现了党对抓主要矛盾的战略考量。

把握好重战略与强战术的关系。战略上要坚持持久战,战术上要打好歼灭战;战略上要站得高、把得准,战术上要接地气、重实效。要把战略的坚定性和策略的灵活性有机结合起来，特别是针对来自外部的讹诈、遏制、封锁和极限施压，我们必须丢掉一切幻想，做好战略形势、战略需求分析，因应情势发展变化，及时调整战略策略，发扬斗争精神、增强斗争本领，在斗争中维护国家尊严和核心利益，牢牢掌握我国发展和安全主动权，确保中华民族伟大复兴进程不被迟滞甚至打断。

强化战略思维，关键是把党中央制定的战略理解好领会透，把战略目标转化为可实施的战术纲领，把战略任务转化为可操作的战术行动，把极端情况、最坏境况的战略预置做好，从而在掌握战略主动中赢得历史主动，在进行战略谋划中实现历史变革。

抓好战略实施，提高战略能力

战略既要制定好，也要执行好，战略能力的提高必然要以战略实施为路径和抓手。我们一定要胸怀"两个大局"，心系"国之大者"，全面把握党的二十大作出的各项战略部署，把党的二十大报告提出的一系列新的战略举措理解好贯彻好执行好，不断提高维护国家安全和发展利益的战略能力。

要紧紧抓住高质量发展这个首要任务。坚持发展是党执政兴国的第一要务，完整、准确、全面贯彻新发展理念，发挥国家发展规划的战略导向作用，加快建设现代化经济体系，构建

■ 如何抓好落实

新发展格局，着力解决推进高质量发展面临的卡点瓶颈问题，着力解决人民日益增长的美好生活需要和不平衡不充分的发展之间的矛盾。大力发展实体经济，加快建设制造强国、质量强国、航天强国、交通强国、网络强国、数字中国。实施可持续发展战略，加快发展方式绿色转型，着力建设美丽中国。实施全面节约战略，推进各类资源节约集约利用，加快构建废弃物循环利用体系。

要坚定实施扩大内需战略、培育完整内需体系。把实施扩大内需战略同深化供给侧结构性改革有机结合起来，加快构建以国内大循环为主体、国内国际双循环相互促进的新发展格局，增强国内大循环内生动力和可靠性，着力提升产业链供应链韧性和安全水平。扩大内需绝不是不要外需，要坚持对外开放的基本国策，坚定奉行互利共赢的开放战略，不断以中国新发展为世界提供新机遇，推动建设开放型世界经济，更好惠及各国人民。实施自由贸易试验区提升战略，扩大面向全球的高标准自由贸易区网络，推动货物贸易优化升级，加快建设贸易强国。

要大力促进区域协调发展。深入实施区域协调发展战略、区域重大战略、主体功能区战略、新型城镇化战略，优化重大生产力布局，构建优势互补、高质量发展的区域经济布局和国土空间体系。在推动区域全覆盖、协调更精准、发展更充分等方面下功夫，坚持物质文明和精神文明一起抓，把教育、卫生、文化、科普等援助纳入东西部协作内容，全面增强公共服务的普惠性、协调性和共享性，逐步缩小地域发展差距和城乡居民收入差距，扎实推进共同富裕。

要全面推进乡村振兴。全面建设社会主义现代化国家，最艰巨最繁重的任务仍然在农村。坚持农业农村优先发展，坚持城乡融合发展，促进巩固拓展脱贫攻坚成果同乡村振兴有效衔接，抓住耕地和种子两个要害，着力提升粮食安全保障能力，加快建设农业强国，扎实推动乡村产业、人才、文化、生态、组织振兴。

要一体推进科教兴国战略、人才强国战略、创新驱动发展战略的实施，坚持把科技自立自强作为国家发展的战略支撑，充分发挥科技作为第一生产力、人才作为第一资源、创新作为第一动力的作用，加快建设教育强国、科技强国、人才强国。党的二十大报告指出，十年来，我们"进入创新型国家行列"；到2035年，"进入创新型国家前列"。从"行列"到"前列"，虽然是一字之变，但这一目标不是轻轻松松、敲锣打鼓就能实现的。要运用战略思维选准主攻方向，发挥新型举国体制作用，着力解决关键核心技术受制于人的"卡脖子"问题。要下大力气加快实施一批具有战略性全局性前瞻性的国家重大科技项目，加快建设高质量教育体系，加快完善人才战略布局，加快建设国家战略人才力量，打造世界重要人才中心和创新高地。

要坚持保障和改善民生。实施就业优先战略，健全就业公共服务体系，完善重点群体就业支持体系，加强困难群体就业

■ 如何抓好落实

兜底帮扶，完善促进创业带动就业的保障制度，支持和规范发展新就业形态。把保障人民健康放在优先发展的战略位置，完善人民健康促进政策。优化人口发展战略，建立生育支持政策体系，降低生育、养育、教育成本。实施积极应对人口老龄化国家战略，发展养老事业和养老产业，优化孤寡老人服务，推动实现全体老年人享有基本养老服务。实施国家文化数字化战略和重大文化产业项目带动战略，健全现代公共文化服务体系，创新实施文化惠民工程，不断提高人民生活品质。

要坚决维护国家安全和社会稳定。国家安全是民族复兴的根基，社会稳定是国家强盛的前提。必须坚定不移贯彻总体国家安全观，把维护国家安全贯穿党和国家工作各方面全过程，坚定维护国家政权安全、制度安全、意识形态安全。必须贯彻习近平强军思想，贯彻新时代军事战略方针，实现建军一百年奋斗目标，开创国防和军队现代化新局面。必须着力推进国家安全体系和能力现代化，提升战略性资源供应保障能力，确保粮食、能源资源、网络、金融、重要产业链供应链安全，建设更高水平的平安中国，以新安全格局保障新发展格局。

（许达哲）

（《学习时报》2023年1月9日第1版）

 观 点

聚焦实际问题抓落实

抓落实是党的政治路线、思想路线、群众路线的根本要求,也是衡量领导干部党性和政绩观的重要标志。今年7月,习近平总书记在江苏考察时就主题教育中教育引导党员、干部落实"重实践"要求,在以学促干上取得实实在在的成效作出重要论述,强调"不折不扣贯彻落实党中央决策部署,积极主动抓落实,聚合众力抓落实,以钉钉子精神抓落实,聚焦实际问题抓落实,在抓落实上取得新实效"。一分部署,九分落实。不注重抓落实,不认真抓好落实,再好的规划和部署也是空中楼阁。广大党员干部要全面准确领会党中央决策部署,不折不扣落实党中央各项要求,一步一个脚印把党的二十大描绘的宏伟蓝图变成现实,努力创造经得起历史、实践和人民检验的业绩。

怎样才能抓好落实?这是需要广大党员干部认真思考的问

■ 如何抓好落实

题。首先要坚持人民至上,担负起自己的职责,以身许党、夙夜在公,有"时时放心不下"的责任感,鼓起干事创业的精气神。其次要坚持问题导向。坚持问题导向是马克思主义的鲜明特点,也是抓好落实的关键。推动事业发展,就是解决一个又一个实际问题的过程。只有认真研究问题,才能找到影响落实的根源,抓住关键环节,通过解决实际问题,将党中央决策部署贯彻好执行好。

习近平总书记指出:"历史总是在不断解决问题中前进的。"我们党领导人民干革命、搞建设、抓改革,都是为了解决我国的实际问题。踏上全面建设社会主义现代化国家新征程,面对复杂形势和艰巨任务,广大党员干部尤其要提高解决实际问题能力,应对新挑战、破解新难题、塑造新优势,更好肩负起新时代赋予的职责使命。

聚焦实际问题抓落实,需要明确聚焦什么样的实际问题。习近平总书记在党的二十大报告中强调:"我们要增强问题意识,聚焦实践遇到的新问题、改革发展稳定存在的深层次问题、人民群众急难愁盼问题、国际变局中的重大问题、党的建设面临的突出问题,不断提出真正解决问题的新理念新思路新办法。"在实际工作中,要摸清影响高质量发展的困难与根源,真正了解发展所需、改革所急、基层所盼、民心所向的问题,并认真加以解决。调查研究是发现问题、研究问题、解决问题的起点。我们要扑下身子、沉到一线,自觉问计于民、问需于民,在调查研究的基础上找到开展工作的好思路、好办法。

想不想抓落实、敢不敢抓落实、会不会抓落实，能否聚焦实际问题抓落实，检验党员干部的行动、考验党员干部的能力。实践中，一些党员干部之所以没能聚焦实际问题抓落实，有的是受形式主义、官僚主义影响，敷衍塞责、怕担责任；有的则是由于本领不强，不善于抓住和解决实际问题。针对这些问题，要健全激励约束机制，完善考核评价体系，加强全方位管理和经常性监督，确保各领域各方面贯彻落实不偏向、不变通、不走样。科学思想方法是研究问题、解决问题的"总钥匙"，只有把思想方法搞对头，认识问题才能站得高，分析问题才能看得深，解决问题才能更有效。要引导党员干部深入学习贯彻习近平新时代中国特色社会主义思想，深入把握包括"六个必须坚持"在内的习近平新时代中国特色社会主义思想的立场观点方法，自觉用科学世界观和方法论武装头脑、指导实践、推动工作，切实提高战略思维、辩证思维、系统思维、创新思维、历史思维、法治思维、底线思维能力，做到善于把握事物本质、把握发展规律、把握工作关键、把握政策尺度，增强工作的科学性、预见性、主动性、创造性，提高抓落实本领，推动事业不断迈上新台阶。

（刘雨）

（《人民日报》2023年11月9日第13版）

■ 如何抓好落实

得其法　抓落实

习近平总书记近日主持召开企业和专家座谈会并发表重要讲话，强调"紧扣推进中国式现代化主题，进一步全面深化改革""看准了就坚定不移抓"。于党员、干部而言，抓好重大改革任务推进和落实，见担当、见能力、见作风，迫切需要坚定信心、真抓实干，迫切需要"得其法"。

方法如同一把钥匙，是研究和解决问题的关键。得其法则事半功倍，不得法则事倍功半甚至产生负作用。广大党员、干部要把思想方法搞对头，把看家本领学到手，掌握研究问题、解决问题的"总钥匙"，推动改革行稳致远。

得其法、抓落实，需坚持人民至上。既要从人民的整体利益、根本利益、长远利益出发谋划和推进改革，更要汲取人民群众的丰富智慧和无穷的创造力。新时代以来，我国出台2000多个改革方案，涉及衣、食、住、行、教育、医疗、养老等各个环节，"人民"二字贯穿始终。为了人民而改革，也要依靠人民而改革。治理大气污染，曾被国外一些观察者认为"不花三五十年是不可能改变的事"，但在我国，各方共同努力，较短时间跨度里实现了可喜变化；建设全自动化码头，从到欧洲参观不让下车拍照，到建成全球首个顺岸开放式全自动化集装箱码头，欧洲的港口邀请中方去"传经送宝"……回望改革取得的每一次突破和进展，无不来自亿万人民的拼搏奋斗和聪明才智。抓好改革落实，需走好新时代党的群众路线，问需于民、问计于民，通过改革给人民群众带来更多获得感、幸福感、安全感，同时在人民群众中间汇聚智慧力量，紧紧依靠人民将改革推向前进。

得其法、抓落实，需强化系统观念。全面深化改革是一项复杂的系统工程。改革越深入，越要注意协同，既抓改革方案的协同，也抓改革落实的协同、改革效果的协同。各地各部门要牢固树立全局意识，不能只算部门账、地方账、眼前账，而应算大账、总账、长远账。广大党员、干部要自觉从改革大局出发，检视自身负责领域改革任务推进情况，把握节奏和步骤，完善综合配套措施，对拖了后腿的要用力拽上去，对偏离目标的要赶紧拉回来，确保各项改革任务协同推进、相得益彰。对一些涉及多领域的重点改革任务，既敢于接"烫手山芋"，更注重统筹协调，政治站位高一点，联动协作多一点，合力攻关，取得突破。

如何抓好落实

得其法、抓落实，需发扬实干精神。一分部署，九分落实。有了一张蓝图绘到底、一任接着一任干的定力和坚守，20多年来，福建坚定不移推进数字福建建设，让"一点击鼠标，就能看到全省的数据"的愿景逐步转化为政务服务"一网好办"、省域治理"一网统管"、政务业务"一网协同"的生动实践；浙江"千万工程"从农村人居环境整治入手、不断迭代升级，造就万千美丽乡村，造福万千农民群众……一抓到底，既要扭住关键、精准发力，又要将试点经验稳扎稳打推开、积小胜为大胜。近年来，以数字福建为思想源头和实践起点，建设数字中国成为数字时代推进中国式现代化的重要引擎；学习运用"千万工程"经验成为今年中央一号文件的主线，推进乡村全面振兴不断取得实质性进展、阶段性成果。进一步全面深化改革，需要党员、干部继续在实践中大胆探索，看准了就不惧风雨、不畏艰险，锲而不舍、久久为功，以钉钉子精神一抓到底。

改革重在落实，也难在落实。广大党员、干部坚持从党的创新理论中悟规律、明方向、学方法、增智慧，坚定不移当好改革的促进派、实干家，既积极主动，更扎实稳健，一步一个脚印，定能抓好每一项重大改革任务的推进和落实。

（赵成）

（《人民日报》2024年6月11日第19版）

不折不扣抓落实

习近平总书记高度重视抓落实工作，强调"要不折不扣抓落实，确保最终效果符合党中央决策意图"。连日来，习近平总书记参加江苏代表团审议，看望民革、科技界、环境资源界委员并参加联组会，出席解放军和武警部队代表团全体会议，发表了一系列重要讲话，指明了前进方向、提供了根本遵循。

代表委员表示，要深入学习贯彻习近平总书记全国两会期间重要讲话精神，遵照"不折不扣抓落实"的重要要求，坚定信心、开拓奋进，求真务实、担当作为，为以中国式现代化全面推进强国建设、民族复兴伟业作出新的更大贡献。

■ 如何抓好落实

在完整准确全面把握上下功夫

　　高质量发展是全面建设社会主义现代化国家的首要任务，是新时代的硬道理。习近平总书记指出，要牢牢把握高质量发展这个首要任务，因地制宜发展新质生产力。

　　"习近平总书记的重要讲话指明方向、凝聚力量，我们必须不折不扣抓好落实。"西南大学副校长赵玉芳代表表示，要在完整准确全面把握上下功夫，对"国之大者"领会到位，对是什么、干什么、怎么干了然于胸，深刻领悟习近平总书记重要讲话的历史逻辑、理论逻辑、实践逻辑，做到知其然更知其所以然，为贯彻落实打下坚实基础。

　　"创新是引领发展的第一动力。面对新一轮科技革命和产业变革，我们必须抢抓机遇，加大创新力度，培育壮大新兴产业，超前布局未来产业，完善现代化产业体系。"安徽省安庆市市长张君毅代表介绍，得益于新能源汽车等产业的发展，安庆进出口保持较快增长。"安庆将紧紧抓住长江经济带发展、长三角一体化发展等重大战略机遇，找准方向定位，大力发展战略性新兴产业，加快发展新质生产力。"

　　"改革开放是决定当代中国命运的关键一招，也是决定中国式现代化成败的关键一招。谋划进一步全面深化改革重大举措，有助于为推动高质量发展、推进中国式现代化持续注入强劲动力。"中国铁路郑州局集团有限公司党委书记、董事长孙景代表表示，将继续深化体制机制改革，进一步挖掘高铁网络资源潜力，提升网络整体效能和运营品质，为更好畅通经济要素流动、促进区域协调发展、构建新发展格局发挥重要支撑作用。

"增进民生福祉是发展的根本目的，让人民生活幸福是'国之大者'。学习习近平总书记全国两会期间重要讲话精神，深刻感受到'人民'二字重若千钧。"河北省灵寿县南营乡车谷砣村党支部书记陈春芳代表介绍，太行山深处的车谷砣村，曾是交通闭塞的穷山村，近年来通过发展生态旅游，驶上了致富"快车道"。

"我们一定把习近平总书记的重要讲话学习好、领悟好，不折不扣落实好。"陈春芳代表表示，要在发展中稳步提升民生保障水平，把发展成果不断转化为生活品质，同时引导激励广大群众依靠自己的双手创造幸福生活，不断增强人民群众的获得感、幸福感、安全感。

紧贴时代发展脉搏和各地区发展实际

空谈误国、实干兴邦，一分部署、九分落实。习近平总书记强调，要继续巩固和增强经济回升向好态势，提振全社会发展信心，党员干部首先要坚定信心、真抓实干。

"习近平总书记全国两会期间重要讲话，既有蓝图擘画，又

■ 如何抓好落实

有方法指导。"新希望集团有限公司董事长刘永好委员表示，新征程上，深入学习贯彻习近平总书记重要讲话精神，聚焦经济建设这一中心工作和高质量发展这一首要任务，紧贴时代发展脉搏和各地区发展实际，完整准确全面落实，就不会走偏、不会走样。

"绿色发展是高质量发展的底色，要守牢国土空间开发保护底线，完善生态环境分区管控体系，夯实高质量发展的生态基础。"内蒙古自治区巴彦淖尔市市长王志平代表介绍，去年巴彦淖尔市造林、种草、防沙治沙均超额完成任务，乌梁素海水质明显提升。"我们要坚决打赢黄河'几字弯'攻坚战，统筹抓好防沙治沙和风电光伏一体化工程，守护好乌梁素海这颗'塞外明珠'，坚决筑牢我国北方重要生态安全屏障。"

恩施是长江入鄂第一站，是清江发源地，是长江中上游地区重要水源涵养地。"我们将深入贯彻落实习近平总书记全国两会期间重要讲话精神，把恩施的发展放到长江经济带发展大局中进行谋划，找准方位，明确路径，真抓实干。"湖北省恩施土家族苗族自治州州长夏锡璠代表表示，要深入践行习近平生态文明思想，锚定建设"两山"实践创新示范区定位，深化大气、土壤、水环境治理，加快清江等流域综合治理，确保"一江清水东流"。同时，持续探索"两山"转化路径，推动经济社会发展绿色化、低碳化转型，以高水平保护支撑高质量发展。

"饱含'绿色含金量'的高质量发展，面临的时代课题之一是把科技创新能力有效转化为新质生产力。发展新质生产力不是要忽视、放弃传统产业,要防止一哄而上、泡沫化,也不要搞一种模式。"重庆市涪陵区委书记王志杰代表表示,制造业是涪陵经济发展的基石和支撑,实现高质量发展的关键也在制造业。涪陵将立足现有产业优势、发展赛道,推动科技创新成果应用到具体产业,改造提升传统产业,培育壮大新兴产业,布局建设未来产业,加快培育发展新质生产力的新动能。

靠实干开创更加美好的未来

用汗水浇灌收获,以实干笃定前行。习近平总书记强调,要抓住一切有利时机,利用一切有利条件,看准了就抓紧干,把各方面的干劲带起来。

"不折不扣抓落实,既要完整准确全面落实,确保执行不偏向、不变通、不走样,也要突出目标导向、效果导向,以创造性工作把党中央决策部署落到实处。"中铁六局丰桥桥梁有限公司石家庄项目部副经理王足刚代表表示,做任何一项工作都不能浅尝辄止、虎头蛇尾,要真抓实干、善作善成,让党中央重大决策部署精准落地、产生实效。

近年来,黑龙江省鹤岗市以"资源+产能+技术+新材料"全产业链为核心纽带,带动石墨产业链上下游企业协同发展。鹤岗市市长王兴柱代表表示,鹤岗将以石墨产业科技化、智能

■ 如何抓好落实

化为着力点，支持企业建立技术创新中心等平台，推动石墨产业不断迭代升级。

"政策的生命力在落实，既不能变形走样，也不能层层加码。要深入贯彻落实习近平总书记全国两会期间重要讲话精神，运用科学的工作方法，切实打通贯彻执行中的堵点淤点难点，以实干促落实，推动经济社会高质量发展。"福建省莆田市委副书记、市长林旭阳代表表示，莆田市坚决贯彻党中央决策部署，立足本地资源禀赋、产业基础，用新技术改造提升传统产业，积极促进产业高端化、智能化、绿色化发展。

昔日盐碱地，今朝"米粮川"。近年来，吉林省白城市科学推进盐碱地综合治理，开发好盐碱地等耕地后备资源。"落实才能出成绩，执行才能见成效。我们要不折不扣贯彻落实党中央决策部署，持续抓好以盐碱地治理为重点的'改地增粮'，坚决扛起保障国家粮食安全责任。"白城市市长杨大勇代表表示，新时代新征程，我们要紧紧围绕党和国家中心任务，激发全社会创造活力，提振干事创业的精气神，当好中国式现代化建设的坚定行动派、实干家，不断为强国建设、民族复兴伟业添砖加瓦、增光添彩。

（人民日报记者宋静思、刘书文、田先进，金歆、翟钦奇、强郁文、王永战、王鉴欣、郑智文、王亮参与采写）

（《人民日报》2024年3月11日第6版）

第二篇

雷厉风行抓落实

■ 如何抓好落实

雷厉风行抓落实

落实才能出成绩，执行才能见成效。去年底召开的中央经济工作会议强调，深入贯彻落实党中央关于经济工作的决策部署，"要雷厉风行抓落实，统筹把握时度效"。雷厉风行抓落实，强调的是抓落实的速度和效率，既是新征程上领导干部应该葆有的精神状态，也是推动各项政策措施加快落地见效、做好经济工作和各方面工作的重要方法。

逆水行舟、不进则退，奋进路上、只争朝夕。习近平总书记强调："要有马上就办的意识""不能有拖延症，把小事拖大、大事拖炸"。雷厉风行、马上就办，体现的是时不我待的紧迫感和奋楫争先的责任担当。新征程上，我们面临的形势是危和机并存，机遇更具有战略性、可塑性，挑战更具有复杂性、全局性。机遇不抓住就会陷入被动，挑战不及时应对就可能叠加外溢。唯有以更加积极主动的姿态把握机遇、应对挑战，以奋勇争先的劲头紧抓快干、埋头实干，才能不断推动高质量发展取得新成效。中央经济工作会议作出了一系列富有前瞻性、针对性、可操作性的决策部署。要在真正弄清楚决策部署意图的前提下，尽快在工作中拿出真招实招，立说立行，高效推进，既"谋定而后动"又"谋定而快动"，用行动说话、以实效比拼，不等、不拖、不推，将工作部署、措施要求等落实到社会实践中、落实到基层工作中、落实到群众生活中。

雷厉风行抓落实，要有知难而进、迎难而上的韧劲。在推进政策措施落地的过程中，遇到一些矛盾和问题是在所难免的。比如，以科技创新引领现代化产业体系建设，要解决好自主创新能力不强等问题；扩大高水平对外开放，要处理好积极参与国际分工和保障国家安全的关系；切实保障和改善民生，要解决好困难群体的就业问题；等等。如果遇到困难绕道走，见到难题就躲避，抓落实就有落空的危险。要敢于啃硬骨头、接"烫手山芋"，锚定已经确定的任务和目标，以事不避难、义不逃责的担当意识攻坚克难。摒弃旧思维、旧理念、老套路、老办法，及时更新思想观念，提出思路"破题"、找出办法"破冰"、拿出

如何抓好落实

措施"破局",在克服困难、化解矛盾、解决问题中抓落实、促发展、出实绩。

雷厉风行抓落实不是一味求快,而是要统筹把握时度效,把立行立做和久久为功有机结合起来。抓落实,要分清轻重缓急,从主要矛盾和矛盾的主要方面抓起。对重点领域的风险挑战、发展中存在的突出矛盾、人民群众反映强烈的问题等,要紧抓快办。抓住一切有利时机,利用一切有利条件,看准了就抓紧干,能多干就多干一些,聚焦、聚神、聚力抓落实。对需要长期抓落实的项目和任务,要保持历史耐心和战略定力,制定好施工图和时间表,不急于求成,发扬钉钉子精神,一锤接着一锤敲,坚持不懈抓下去。比如,实现"双碳"目标,不能有"毕其功于一役"的急躁心理,要先立后破,而不能未立先破;保障和改善民生,不能脱离阶段和实际,要坚持尽力而为、量力而行,一步一个脚印地扎实推进。

抓落实来不得花拳绣腿,雷厉风行更不能流于形式。抓而不实,等于没抓。要真正抓出成效,除了要有锐意进取的精气神和脚踏实地的实际行动,还要注重健全抓落实的工作机制。完善科学合理、行之有效的工作责任制,分解目标、细化任务、明确责任,形成一级抓一级、层层抓落实的工作局面,采取有针对性的措施及时发现和排除工作中的障碍和困难,以完善的机制促落实、保成效，真正让推动高质量发展的各项任务落下去，让惠及百姓的各项工作实起来。

（蓝汉林）

（《人民日报》2024年1月17日第9版）

■ 如何抓好落实

>> 理 论

深刻把握坚持问题导向的科学内涵和实践要求

"必须坚持问题导向",是党的二十大报告提出的"六个必须坚持"中的一项重要内容。问题是时代的声音,回答并指导解决问题是理论的根本任务。新时代新征程,我们要深刻认识和把握坚持问题导向的科学内涵和实践要求,着眼解决新时代改革开放和社会主义现代化建设的实际问题,不断提出真正解决问题的新理念新思路新办法,开辟马克思主义中国化时代化新境界。

对马克思主义矛盾观的坚持和发展

马克思主义认为,矛盾是普遍存在的,是事物联系的实质

第二篇
雷厉风行抓落实

内容和事物发展的根本动力。问题是事物矛盾的表现形式，坚持问题导向是对马克思主义矛盾观的坚持和发展。坚持问题导向，在世界观和方法论上就是要承认矛盾的普遍性、客观性；在工作和实践中就是要把解决实际问题作为打开工作局面的突破口。

党的十八大以来，我国内外环境发生了极为广泛而深刻的变化，我国发展面临一系列突出矛盾和挑战，前进道路上还有不少困难和问题，如发展中不平衡、不协调、不可持续问题依然突出，科技创新能力不强，产业结构不合理，发展方式依然粗放，城乡区域发展和收入分配差距依然较大，等等。习近平总书记深刻指出："解决这些问题，关键在于深化改革。"这一重大论断正是在坚持问题导向的基础上提出的。

习近平总书记指出："改革是由问题倒逼而产生，又在不断解决问题中得以深化""要有强烈的问题意识，以重大问题为导向，抓住重大问题、关键问题进一步研究思考，找出答案，着力推动解决我国发展面临的一系列突出矛盾和问题"。习近平总书记关于全面深化改革的重要论述，对新时代改革发展一系列重大问题进行深入思考和科学判断，对全面深化改革提出一系列新理念新思想新战略，是我们党在改革理论上的重大升华。在习近平新时代中国特色社会主义思想的科学指引下，我们全面深化改革开放，不断推进理论创新、实践创新、制度创新，坚决破除各方面体制机制弊端，推动各领域基础性制度框架基

■ 如何抓好落实

本建立，许多领域实现历史性变革、系统性重塑、整体性重构，中国特色社会主义制度更加成熟更加定型，国家治理体系和治理能力现代化水平明显提高。

对马克思主义发展观的坚持和发展

马克思主义从世界普遍联系和永恒发展的基本观点出发，把社会看作是一个有机联系和发展的整体，认为社会发展有其内在客观规律。人生活在自然界之中，能发挥自己的主观能动性去改造自然，但这种改造是以尊重客观规律为前提的。实现发展的过程，从根本上说就是不断发现问题、解决问题的过程。

坚持问题导向是对马克思主义发展观的坚持和发展。习近平总书记指出："历史总是在不断解决问题中前进的。"社会在发展，新情况新问题层出不穷，其中有一些可以凭老经验、用老办法来应对和解决，但也有不少是老经验、老办法不能应对和解决的。坚持问题导向，就要科学地认识、准确地把握、正确地解决发展中出现的问题，推动社会不断前进。

中国特色社会主义进入新时代，我们党团结带领人民如期全面建成小康社会、实现了第一个百年奋斗目标，意气风发迈上全面建设社会主义现代化国家、向第二个百年奋斗目标进军的新发展阶段。我国经济实力、科技实力、综合国力跃上新台阶，人民生活全方位改善，我国基本国情的内涵不断发生变化，面临的风险和难题也发生了重要变化。一些过去长期困扰我们的矛盾和问题尚需彻底解决，同时随着中华民族迎来从站起来、富起来到强起来的伟大飞跃，我们需要直面大量随着形势环境变化新出现的矛盾和问题。这些问题是新发展阶段内在矛盾的必然表现，是躲不开也绕不过的。对于这些问题，如果置若罔闻、熟视无睹，就会积重难返，最终造成无法弥补的损失；如果守着过去的认识不思变化，那就难以继续前进。在新的时代条件下解决矛盾和问题，迫切需要深入践行习近平新时代中国特色社会主义思想，用以改造客观世界，推动事业发展。

党的十八大以来，以习近平同志为核心的党中央坚持问题导向，直面一系列长期积累及新出现的突出矛盾和问题，对经济社会发展提出了许多重大理论和理念。其中，新发展理念是最重要、最主要的。它是我们党在深刻总结国内外发展经验教训的基础上形成的，也是针对我国发展中的突出矛盾和问题提出来的，深刻回答了关于发展的目的、动力、方式、路径等一系列理论和实践问题，阐明了我们党关于发展的政治立场、价值导向、发展模式、发展道路等重大政治问题。正是在新发展理念的引领下，我们加快构建新发展格局，推动高质量发展，促进共同富裕，我国经济迈上更高质量、更有效率、更加公平、更可持续、更为安全的发展之路，从经济大国迈向经济强国的脚步稳健有力。

■ 如何抓好落实

对马克思主义实践观的坚持和发展

实践观点是马克思主义哲学的核心观点。马克思指出："全部社会生活在本质上是实践的"。实践是人有目的、有意识改造世界的客观物质活动。实践决定认识，是认识的源泉和动力，也是认识的目的和归宿；认识对实践具有反作用，正确的认识推动正确的实践，错误的认识导致错误的实践。坚持问题导向是对马克思主义实践观的坚持和发展。坚持问题导向，就要在掌握实际情况的基础上发现问题、思考问题，又通过实践不断解决问题，是实践基础上思想活动和实践活动的统一。

掌握实际情况、解决实际问题，必须进行全面深入的调查研究。只有通过全面深入的调查研究，才能把握快速发展变化的实际，出实招、见实效。调查研究要多到困难多、群众意见集中、工作打不开局面的地方去，体察实情、解剖麻雀，特别是对需要解决的问题进行调查梳理，做到心中有数。在调查研究的基础上，从解决具体问题抓起改起，从细处入手，向实处着力，一环紧着一环拧，一锤接着一锤敲，才能积小胜为大胜。在这一过程中，必须坚持正确的方法和路径。一方面，要保持韧劲，瞄着问题去、对着问题改，精准发力、注重实效，直到问题彻底解决为止。另一方面，要善于抓住关键、找准重点、分清主次，既要讲两点论、一分为二地看问题，又要讲重点论、以重点带动全局。

党的十八大以来，以习近平同志为核心的党中央高度重视调查研究工作，将深入调查研究作为开展工作、出台政策、制定战略的"先手棋"。习近平总书记指出："调查研究是谋事之基、成事之道，没有调查就没有发言权，没有调查就没有决策权""调查研究是我们做好工作的基本功""正确的决策离不开调查研究，正确的贯彻落实同样也离不开调查研究"。正是在坚持问题导向、深入调查研究的基础上，以习近平同志为核心的党中央提出一系列治国理政新理念新思想新战略，以全新的视野深化了对共产党执政规律、社会主义建设规律、人类社会发展规律的认识，指导党和国家事业取得历史性成就、发生历史性变革。

日前，中共中央办公厅印发《关于在全党大兴调查研究的工作方案》。方案突出问题导向和目标导向，紧紧围绕全面贯彻落实党的二十大精神、推动高质量发展，明确列出12个方面的重点调研内容，要求广大党员、干部特别是各级领导干部扑下身子、沉到一线，深入农村、社区、企业、医院、学校、"两新"组织等基层单位，把脉问诊、解剖麻雀，进行问题梳理、难题排查，运用党的创新理论研究新情况、解决新问题。这必将有力促进全党把习近平新时代中国特色社会主义思想转化为坚定理想、锤炼党性和指导实践、推动工作的强大力量，推动全面建设社会主义现代化国家开好局起好步。

■ 如何抓好落实

不断回答中国之问、世界之问、人民之问、时代之问

问题是创新的起点，也是创新的动力源。理论创新只能从问题开始。新时代党和国家事业发展的一系列重大理论和实践问题，概括起来就是新时代坚持和发展什么样的中国特色社会主义、怎样坚持和发展中国特色社会主义，建设什么样的社会主义现代化强国、怎样建设社会主义现代化强国，建设什么样的长期执政的马克思主义政党、怎样建设长期执政的马克思主义政党等。正是基于对这些重大时代课题的深邃思考和科学判断，以习近平同志为主要代表的中国共产党人创立了习近平新时代中国特色社会主义思想，不断丰富发展这一重要思想，为新时代党和国家事业发展提供了根本遵循。

习近平新时代中国特色社会主义思想坚持问题导向，把马克思主义矛盾观、发展观和实践观融为一体，赋予马克思主义世界观和方法论以新的时代内涵，把化解矛盾、破解难题作为打开新局面的突破口，在发现问题、分析问题、解决问题中把握历史脉络、找到发展规律、推动理论创新。全面建设社会主义现代化国家是一项伟大而艰巨的事业，前途光明，任重道远。当前，我国发展面临新的战略机遇、新的战略任务、新的战略阶段、新的战略要求、新的战略环境。我们所面临问题的复杂程度、解决问题的艰巨程度明显加大，给理论创新提出了全新

要求。时代是出卷人，我们是答卷人，人民是阅卷人。解答好时代考卷，必须坚持问题导向，增强问题意识，聆听时代声音，回应时代呼唤，认真研究解决重大而紧迫的问题。新时代新征程，我们要坚持用习近平新时代中国特色社会主义思想凝心铸魂，把这一重要思想变成改造主观世界和客观世界的强大思想武器，运用到贯彻落实党的二十大提出的重大战略部署中去。坚持解放思想、实事求是、与时俱进、求真务实，一切从实际出发，聚焦实践遇到的新问题、改革发展稳定存在的深层次问题、人民群众急难愁盼问题、国际变局中的重大问题、党的建设面临的突出问题，不断回答中国之问、世界之问、人民之问、时代之问，不断推进实践基础上的理论创新，谱写马克思主义中国化时代化新篇章。

（顾海良）

（《人民日报》2023 年 4 月 13 日第 9 版）

■ 如何抓好落实

坚持稳中求进工作总基调

今年以来，在以习近平同志为核心的党中央坚强领导下，各地区各部门更好统筹国内国际两个大局，更好统筹疫情防控和经济社会发展，更好统筹发展和安全，国民经济持续恢复、总体回升向好。与此同时，我国经济运行面临新的困难挑战。越是形势复杂，越需要以科学理论为指导。习近平总书记强调："要坚持稳中求进工作总基调"。稳中求进工作总基调是做好经济工作的方法论。做好当前经济工作，要学习好、领会好、运用好这一方法论，高质量完成全年经济社会发展目标任务。

深刻理解稳中求进工作总基调的丰富内涵

稳中求进工作总基调是我们党治国理政的重要原则。我国

40多年改革开放是全面的也是渐进的，摸着石头过河，坚持试点先行，取得经验后再在面上推开，这是稳中求进的历史经验。新时代以来，面对世界经济复苏乏力、局部冲突和动荡频发、全球性问题加剧的外部环境，面对我国经济发展进入新常态等一系列深刻变化，以习近平同志为核心的党中央坚持稳中求进工作总基调，迎难而上，开拓进取，推动经济发展取得了历史性成就。

习近平总书记围绕坚持稳中求进工作总基调发表了一系列重要论述，指出"发展是硬道理，稳定也是硬道理，抓发展、抓稳定两手都要硬""我们要坚持稳字当头、稳中求进，更好统筹国内国际两个大局，更好统筹疫情防控和经济社会发展，更好统筹发展和安全"；强调"稳是主基调，要在保持大局稳定的前提下谋进"，指出"'稳'的重点要放在稳住经济运行上，确保增长、就业、物价不出现大的波动，确保金融不出现区域性系统性风险""大方向要稳，方针政策要稳，战略部署要稳"；强调"在守住根基、稳住阵脚的基础上积极进取"，指出"'进'的重点要放在调整经济结构和深化改革开放上，确保转变经济发展方式和创新驱动发展取得新成效""不停步、能快则快，争取最好结果"；强调"稳"和"进"要相互促进，指出"稳是主基调，稳是大局，在稳的前提下要在关键领域有所进取，在把握好度的前提下奋发有为"；等等。这一系列重要论述，深刻揭示了"稳"和"进"的辩证统一关系，阐明了稳中求进工作总

■ 如何抓好落实

基调的丰富内涵。

深入学习贯彻习近平总书记关于坚持稳中求进工作总基调的重要论述精神，必须把"稳"和"进"作为一个整体来把握。要深刻认识到，该稳的要稳住，关键是保持经济社会大局稳定；要把握经济发展阶段性特征，保持战略定力，在正确的时间做正确的事。也要深刻认识到，稳中求进不是无所作为，而是要在把握好度的前提下有所作为，恰到好处，把握好平衡，把握好时机。要坚持先立后破、稳扎稳打，把稳增长、调结构、推改革有机结合起来，保持战略定力和耐心，既稳妥把握改革开放和结构调整各项举措，又通过改革开放和结构调整的新进展巩固经济社会稳定大局。

把握好"稳"与"进"的辩证统一关系

去年底召开的中央经济工作会议提出，做好经济工作，必须"坚持稳中求进工作总基调，坚持实事求是、尊重规律、系统观念、底线思维，把实践作为检验各项政策和工作成效的标准"。这要求我们把握好"稳"与"进"的辩证统一关系。

把握好"稳"与"进"的辩证统一关系，要正确处理改革发展稳定的关系。改革是经济社会发展的强大动力，发展是解决一切经济社会问题的关键，稳定是改革发展的前提。坚持稳中求进工作总基调，要更好发挥党总揽全局、协调各方的领导核心作用，把改革力度、发展速度和社会可承受程度统一起来。要把全面深化改革作为推进中国式现代化的根本动力，作为稳大局、应变局、开新局的重要抓手，既努力维护经济社会平稳，为调整经济结构和深化改革开放、坚持和完善社会主义市场经济体制创造稳定宏观环境；又推动调整经济结构和深化改革开放、坚持和完善社会主义市场经济体制取得实质性进展，为经济社会平稳运行创造良好预期，把准方向、守正创新、真抓实干，维护经济发展和社会大局稳定。人民对美好生活的向往，就是我们的奋斗目标。要把改善人民生活作为正确处理改革发展稳定关系的重要结合点，在保持社会稳定中推进改革发展，通过改革发展促进社会稳定；要把群众满意不满意、高兴不高兴、答应不答应作为检验各项工作的标准，不断提升人民群众的获得感、幸福感、安全感，为改革发展营造良好社会氛围。

把握好"稳"与"进"的辩证统一关系，要正确处理摸着石头过河和加强顶层设计的关系。改革开放以来特别是党的十八大以来，我们坚持加强党的领导和尊重人民首创精神相结合，坚持摸着石头过河和顶层设计相结合，坚持问题导向和目标导向相统一，坚持试点先行和全面推进相促进，既鼓励大胆试、大胆闯，又坚持实事求是、善作善成，确保改革开放行稳致远，中国特色社会主义制度更加成熟更加定型，国家治理体系和治理能力现代化水平明显提高。这充分体现了稳中求进的方法论。当前，全面深化改革已进入深水区、攻坚期，涉及面广，

■ 如何抓好落实

重大改革举措可能牵一发而动全身，必须识得水性、把握大局、稳中求进。要尊重人民首创精神，尊重实践、尊重创造，鼓励大胆探索、勇于开拓，允许摸着石头过河。同时，按照已经认识到的规律来谋划改革发展，加强顶层设计，在实践中再加深对规律的认识，努力实现新时代新征程的目标任务。

坚持稳中求进，推动经济实现质的有效提升和量的合理增长

新征程上，我们必须在守住根基、稳住阵脚的基础上，在"进"上多下功夫，继续增强中国经济发展的韧性，不断推动经济运行持续好转、内生动力持续增强、社会预期持续改善、风险隐患持续化解，推动经济实现质的有效提升和量的合理增长。

在推动高质量发展上下功夫。党的二十大报告提出："高质量发展是全面建设社会主义现代化国家的首要任务。"完成这一首要任务，必须坚持以经济建设为中心，推动经济实现质的有效提升和量的合理增长。必须完整、准确、全面贯彻新发展理念，加快构建新发展格局，把实施扩大内需战略同深化供给侧结构性改革有机结合起来，加快建设现代化经济体系，着力提高全要素生产率、提升产业链供应链韧性和安全水平、推进城乡融合和区域协调发展。同时，引导领导干部用政治眼光观察和分析经济社会问题，努力掌握习近平新时代中国特色社会主义思

想的世界观和方法论，坚持好、运用好贯穿其中的立场观点方法，正确认识和把握我国发展的重大理论和实践问题，不断提高推动高质量发展的能力和水平。

在全面深化改革开放上下功夫。习近平总书记指出："改革是解放和发展社会生产力的关键，是推动国家发展的根本动力。"进一步解放和发展社会生产力，必须继续深化改革开放，增强国内外大循环的动力和活力。要始终坚持社会主义市场经济改革方向，坚持"两个毫不动摇"，深化国资国企改革，提高国企核心竞争力，优化民营企业发展环境，促进民营经济发展壮大。深化要素市场化改革，推动建设统一开放、竞争有序、制度完备、治理完善的高标准市场体系，推动构建全国统一大市场。完善产权保护、市场准入、公平竞争、社会信用等市场经济基础制度，加强反垄断和反不正当竞争，依法规范和引导资本健康发展，为各类经营主体投资创业营造良好环境。推进高水平对外开放，稳步扩大规则、规制、管理、标准等制度型开放，增强在国际大循环中的话语权。推动共建"一带一路"高质量发展，积极参与国际经贸规则谈判，推动形成开放、多元、稳定的世界经济秩序，为实现国内国际两个市场两种资源联动循环创造条件。

在统筹发展和安全上下功夫。习近平总书记指出："安全和发展是一体之两翼、驱动之双轮。"安全是发展的基础，稳定是强盛的前提。前进的道路不可能一帆风顺，必须全面认识和有力应对重大风险挑战，统筹好发展和安全两件大事，把国家安

■ 如何抓好落实

全同经济社会发展一起谋划、一起部署,既善于运用发展成果夯实国家安全的实力基础,又善于塑造有利于经济社会发展的安全环境,以发展促安全、以安全保发展,努力建久安之势、成长治之业。要加快构建新发展格局,形成强大的国内经济循环体系和稳固的基本盘,通过发展提升国家安全实力,牢牢守住安全发展这条底线。坚持总体国家安全观,深入推进国家安全思路、体制、手段创新,增强在对外开放环境中动态维护国家安全的本领,营造有利于经济社会发展的安全环境,以新安全格局保障新发展格局。

(韩保江)

(《人民日报》2023年9月27日第13版)

第二篇
雷厉风行抓落实

树立和践行正确政绩观

党的十八大以来，习近平总书记围绕树立和践行正确政绩观作出一系列重要论述，强调"干事创业一定要树立正确政绩观""树牢造福人民的政绩观"等。中共中央政治局7月24日召开会议指出："要以学习贯彻习近平新时代中国特色社会主义思想主题教育为契机，教育引导广大党员干部牢固树立正确政绩观"。广大党员干部要深入学习贯彻习近平总书记关于树立和践行正确政绩观的重要论述，在新征程上努力创造经得起实践、人民、历史检验的实绩。

深刻认识树立和践行正确政绩观的重大意义

政绩观是党员干部世界观、人生观、价值观和权力观、地

■ 如何抓好落实

位观、利益观、事业观等在干事创业中的体现。中国共产党是中国特色社会主义事业的领导核心，党员干部的政绩观正确与否，直接关系党和人民事业发展。

习近平同志在河北正定工作期间，要求"每个部门、每个单位、每个党员的工作都必须服从和服务于国家建设和改革的大局"；在福建工作期间，倡导"滴水穿石"精神、"弱鸟先飞"意识，不搞上任伊始"烧三把火"，也不搞"三天打鱼、两天晒网"；在浙江工作期间，强调"树政绩的根本目的是为人民谋利益""要甘于做铺垫之事""积小胜为大胜"；在上海工作期间，要求各级干部始终坚持执政为民，"要多干群众急需的事，多干群众受益的事，多干打基础的事，多干长远起作用的事"。

中国特色社会主义进入新时代，党和国家事业发展对党员干部树立和践行正确政绩观提出了新的更高要求。习近平总书记强调："面对改革发展稳定的艰巨繁重任务，各级领导班子和领导干部一定要按照中央要求，牢记'空谈误国，实干兴邦'，积极进取，奋发有为，做出经得起实践、人民、历史检验的实绩""要树立正确政绩观，多做打基础、利长远的事""要发扬求真务实、真抓实干的作风，以钉钉子精神担当尽责，树立'功成不必在我'的境界，一件事情接着一件事情办，一年接着一年干"。在以习近平同志为核心的党中央坚强领导下，绝大多数党员干部树立和践行正确政绩观，围绕中心任务真抓实干，完成脱贫攻坚、全面建成小康社会的历史任务，创造了人类文明史上人口大国成功走出疫情大流行的奇迹，推动发展的平衡性协调性包容性持续提高，我国高质量发展不断取得新成效。

党的二十大擘画了全面建成社会主义现代化强国、以中国式现代化全面推进中华民族伟大复兴的宏伟蓝图。习近平总书记指出："要增强大局观念，牢固树立全国一盘棋思想，坚持算大账、算长远账，不打小算盘、不搞小聪明，把地区和部门工作融入党和国家事业大局""要因地制宜、因时制宜，紧密结合各自实际，开动脑筋、主动作为、大胆作为，创造性开展工作，真正让党中央决策部署落地见效"。同时，针对一些干部政绩观出现偏差的情况，习近平总书记强调："只有党性坚强、摒弃私心杂念，才能保证政绩观不出偏差""大家一定要牢记创造业绩的目的是为人民谋利益，真正把心思和精力放在为党和人民干事创业上。"习近平总书记的重要论述具有很强的现实针对性、工作指导性。我们要深刻领悟"两个确立"的决定性意义、坚决做到"两个维护"，把习近平总书记关于树立和践行正确政绩观的重要论述精神贯彻落实好。

全面把握树立和践行正确政绩观的丰富内涵

习近平总书记指出，树立和践行正确政绩观，要"解决好政绩为谁而树、树什么样的政绩、靠什么树政绩的问题"。学习习近平总书记的重要论述，我们深刻体会到，树立和践行正确

■ 如何抓好落实

政绩观，起决定性作用的是党性。党员干部做事情、干工作，要做到有利于国家、有利于人民，既符合国家和人民眼前利益，又符合国家和人民长远利益，不断促进经济社会发展、促进国家富强和人民幸福。

解决好"政绩为谁而树"的问题。这关乎为谁执政、为谁用权、为谁谋利。人民是我们党执政最深厚的基础和最大底气。习近平同志在福建宁德工作期间强调："为官之本在于为官一场，造福一方""当共产党的'官'，只有一个宗旨，就是造福于民"；在浙江工作期间强调："在任何时候任何情况下，都要始终坚持把最广大人民的根本利益放在首位，自觉用最广大人民的根本利益来检验自己的工作和政绩"。党的十八大以来，习近平总书记强调："共产党就是给人民办事的，就是要让人民的生活一天天好起来，一年比一年过得好。"我们要牢记中国共产党是什么、要干什么这个根本问题，把为民造福作为最重要的政绩，树立正确的权力观、政绩观、事业观，不慕虚荣，不务虚功，不图虚名，切实做到为官一任、造福一方。

解决好"树什么样的政绩"的问题。这关乎政绩检验标准。习近平总书记强调："既要做让老百姓看得见、摸得着、得实惠的实事，也要做为后人作铺垫、打基础、利长远的好事，既要做显功，也要做潜功，不计较个人功名，追求人民群众的好口碑、历史沉淀之后真正的评价。"好事实事"要从群众切身需要来考量，不能主观臆断，不能简单化、片面化""扶持经济发展，帮助群众富裕起来是好事实事；弘扬社会正气，打击'害群之马'，丰富群众业余生活，创造良好社会环境，也是好事实事；解决群众衣食住行之苦、生老病死之需，是好事实事；甚至远处僻土深山的群众买不到灯泡、肥皂之类针头线脑的小事，得到我们的关心解决，也是好事实事。"这启示我们，树立和践行正确政绩观，要坚持实践观点、群众观点、历史观点。

解决好"靠什么树政绩"的问题。这关乎政绩的实现途径。一要靠对党忠诚。习近平总书记指出："全党同志要强化党的意识，始终把党放在心中最高位置"。要做到党中央提倡的坚决响应，党中央决定的坚决照办，党中央禁止的坚决杜绝。二要靠对国之大者心中有数。习近平总书记指出，要"关注党中央在关心什么、强调什么，深刻领会什么是党和国家最重要的利益、什么是最需要坚定维护的立场"。一切工作都要以贯彻落实党中央决策部署为前提，善于把地区和部门的工作融入党和国家事业大棋局。三要靠政贵有恒。习近平总书记指出："大国政贵有恒，不能朝令夕改，不要折腾""不要一换届领导就兜底翻，更不要为了显示所谓政绩去另搞一套，不要空洞的口号满天飞"。四要靠群众路线。习近平总书记指出："全党要坚持全心全意为人民服务的根本宗旨，树牢群众观点，贯彻群众路线，尊重人民首创精神，坚持一切为了人民、一切依靠人民，从群众中来、到群众中去，始终保持同人民群众的血肉联系，始终接受人民批评和监督，始终同人民同呼吸、共命运、心连心。"五要靠狠

■ 如何抓好落实

抓落实。习近平总书记指出："不注重抓落实，不认真抓好落实，再好的规划和部署都会沦为空中楼阁。"对当务之急，要立说立行、紧抓快办；对长期任务，要保持战略定力和耐心，坚持一张蓝图绘到底；要强化精准思维，坚持"致广大而尽精微"，做到谋划时统揽大局、操作中细致精当。六要靠廉洁自律。习近平总书记强调："当官要当舞台上端端正正的官，当清官，不要当庸官贪官"。遇到问题、作出决策、处理工作首先要从政治上想一想，对照党章、党内政治生活准则、党纪处分条例举一反三，看准能不能干、该不该做，始终做政治上的明白人。

以正确导向引领党员干部树立和践行正确政绩观

树立和践行正确政绩观，除了依靠干部的自我教育、自我提高、自我管理，组织的引导也至关重要。

习近平总书记指出："如何考准考实干部政绩，也是一个难点""要完善干部考核评价和选任办法，既重能力又重品行，既重政绩又重政德"。新征程上，我们要坚持正确导向，引导党员干部树立和践行正确政绩观。

改进考核方法手段。在浙江工作期间，习近平同志就强调："我们要从坚持立党为公、执政为民的高度来考核评价干部的政绩，坚持抓好发展与关注民生的结合、对上负责与对下负责的结合、立足当前与着眼长远的结合，科学设定考核政绩的内容和程序，完善考评体系和方法。"党的十八大以来，习近平总书记进一步指出："既看发展又看基础，既看显绩又看潜绩，把民生改善、社会进步、生态效益等指标和实绩作为重要考核内容，再也不能简单以国内生产总值增长率来论英雄了。"要通过考核这个"指挥棒"推动干部形成重实际、求实效，不提脱离实际的高指标、不喊哗众取宠的空口号、不搞劳民伤财假政绩的务实之风，扎扎实实地把各项工作落到实处。

发挥榜样的作用。榜样的力量是无穷的。习近平总书记善于用榜样的力量激励全党树立和践行正确政绩观。比如，习近平总书记在福建考察工作时指出："谷文昌同志的事迹同焦裕禄、杨善洲同志的事迹一样，展示了一名共产党员和一名领导干部的坚强党性、远大理想、博大胸怀、高尚情操。"同中央党校第一期县委书记研修班学员进行座谈时指出："焦裕禄同志以自己的实际行动塑造了一个优秀共产党员和优秀县委书记的光辉形象。做县委书记，就要做焦裕禄式的县委书记。"好的榜样，是最好的引导。我们一定要发挥榜样的作用，让广大党员干部自觉学习先进、争当先进，在感动中行动，自觉做正确政绩观的践行者。

实行问责追责。习近平总书记强调："一些干部惯于拍脑袋决策、拍胸脯蛮干，然后拍屁股走人，留下一屁股乱账，最后官照当照升，不负任何责任。这是不行的。我说过了，对这种问题要实行责任制，而且要终身追究。"比如，针对甘肃祁连山

■ 如何抓好落实

生态破坏、陕西秦岭北麓违建别墅、青海木里矿区非法开采等典型案例，有关地方和部门严肃查处和追责了一批失职渎职的人员，有力推动了各级党委和政府担负起生态文明建设的政治责任，坚决做到令行禁止，确保党中央关于生态文明建设各项决策部署落地见效。实践证明，问责一个、警醒一片、提高一批，对于推动党员干部树立和践行正确政绩观具有重要作用，要善于运用好这一重要手段和方法。

（詹成付）

（《人民日报》2023年10月19日第13版）

第二篇
雷厉风行抓落实

在抓落实中提升自我革命成效

二十届中央纪委三次全会深刻阐述了习近平总书记关于党的自我革命的重要思想，科学回答了我们党为什么要自我革命、为什么能自我革命、怎样推进自我革命等重大问题，突出强调了推进自我革命"九个以"的实践要求。这一重要思想是党的理论创新的最新成果，是习近平新时代中国特色社会主义思想的新篇章，标志着我们党对建设长期执政的马克思主义政党的规律性认识达到新高度，为新征程持续发力、纵深推进全面从严治党提供了根本遵循，为做好纪检监察工作提供了科学指南。全面贯彻习近平总书记关于党的自我革命的重要思想，深入落实中央纪委三次全会部署的"八个突出、八个深化"任务，最重要的还是抓落实，一切工作都要以落到实处、取得实效为检验标准。

■ 如何抓好落实

抓落实的基础在于不折不扣，在政治监督具体化、精准化、常态化上下实功见实效

政治监督是督促全党坚持党中央集中统一领导的有力举措。学深习近平总书记和党中央关于全面从严治党的决策部署，悟透习近平总书记关于党的自我革命的重要思想，要在政治监督具体化、精准化、常态化上下更大功夫，转化为有力有效的政治监督行动和实效，督促各级党组织和党员干部深刻领悟"两个确立"的决定性意义，增强"四个意识"、坚定"四个自信"、做到"两个维护"。

扛稳监督首责，绷紧政治纪律。紧紧围绕贯彻落实习近平总书记重要指示批示精神和党中央大政方针，强化政治监督。坚持党中央重大决策部署到哪里，政治监督就要跟进到哪里，推动健全政治要件落实闭环机制，确保逐项扎实推进、件件落实到位。不断完善政治监督工具箱，督促与检查相结合、动态跟踪与常态检视相配合、定期盘点与分析预警相关联，及时发现问题，督促对表对标、校准偏差，对贯彻落实不力、打折扣搞变通的，严肃追究责任，深挖隐藏其中的违反政治纪律和政治规矩问题。

锚定目标方向，落实政治要求。不断增强政治判断力、政治领悟力、政治执行力，提高透过业务偏差发现政治问题，从

倾向性苗头性问题中发现政治端倪的政治监督能力,既要防止虚化泛化、上纲上线,也要防止看不准、查不深的问题。进一步用好用活党组、派驻组全面从严治党会商机制,全面工作定期会商,年初着眼全年、年中保障全年,重点工作专题会商,传导责任压力、督促狠抓落实,紧要任务即时会商,着力提升贯彻执行时效,巩固深化共识问题、共商难题、共推解题的常态长效。

聚焦"关键少数",压实政治责任。定期督促检查巡视整改、审计整改和纪检监察建议落实情况,结合日常监督、信访分析、线索研判、案件办理,全面深入地了解监督对象和政治生态情况,加强领导班子和干部队伍建设、基层党组织和党员队伍建设。推动落实全面从严治党主体责任考核制度,将纪律建设情况列入模范机关创建和党建述职评议内容,督促各级领导班子和领导干部,特别是"一把手"严于律己、严负其责、严管所辖,切实扛起主体责任、监督职责。

抓落实的效率来自雷厉风行,一体推进
不敢腐、不能腐、不想腐

反腐败是最彻底的自我革命,绝对不能回头、不能松懈、不能慈悲,更需要对反腐败斗争的新情况新动向有清醒认识,对腐败问题产生的土壤和条件有清醒认识,越是任务重、困难

■ 如何抓好落实

大,越要知重负重、愈难愈进。

强化"不敢腐"的高压震慑。坚持态度不变、力度不减、重心不偏,以案破局,紧盯重点问题、重点领域、重点对象、新型腐败和隐性腐败,把严惩政商勾连的腐败作为攻坚战重中之重,及时清理行业性、领域性腐败风险隐患。坚持受贿行贿一起查,深化纪检监察与行政执法的衔接协同,加大对不正当利益的追缴和纠正力度,综合运用纪律、法律、行政、经济手段,打出联合惩戒"组合拳",让违法乱纪者无利可图、得不偿失。

强化"不能腐"的刚性约束。坚持"后半篇文章"从前半篇做起,既穿透个案,又分析类案,着力发现案件背后的深层次问题,提出有针对性、有说服力的整改建议,查处一案、警示一片、治理一域。深刻揭示重点领域的违纪违法乱象,深入查找制度建设的薄弱点、监督制约的风险点、教育管理的空白点,推动深化重点领域体制机制改革,加快新兴领域治理机制建设,研究防治腐败滋生蔓延的制度机制、方法措施。

强化"不想腐"的思想自觉。推动抓住学习贯彻新修订的纪律处分条例和全党开展集中性纪律教育的契机,开发丰富的纪律教育产品,深入开展党性党风党纪教育。督促对重点岗位干部进行纪法轮训,加强对年轻干部、新提任干部、新录用干部、援派挂职干部的纪法培训,强化廉政提醒谈话,涵养"自觉的纪律"。抓优劣典型加以引导,引导广大党员干部传承党的光荣传统和优良作风,把以权谋私、贪污腐败看成是极大的耻辱。

抓落实的成效要靠求真务实，把严的基调、严的措施、严的氛围长期坚持下去

抓落实更需要抓住牵引性、撬动性强的工作，从纠治一个问题向破解一类难题演进，一个领域一个领域攻坚，步步为营，久久为功。筑牢中央八项规定堤坝，坚决防止享乐主义、奢靡之风反弹回潮，深入整治"吃公函""吃食堂""吃老板""吃下级"等违规吃喝问题，既"由风查腐"，深挖不正之风背后的请托办事、利益输送等问题，又"由腐纠风"，倒查腐败背后的不正之风。重拳纠治干部群众反映强烈的形式主义、官僚主义，深入整治把开会当落实，把部署当成绩，工作虎头蛇尾，急于过关销号，遇到矛盾绕道走，落实责任往下推等作风顽疾，持续释放严的信号、夯实严的基调。

时刻牢记初心使命，推动市场监管领域行风建设攻坚行动向深向实，强化机关作风示范引领，紧盯校园食品安全、儿童药品安全、未成年人用品安全、特种设备安全、消费环境放心安全等民生"关键小事"，推动市场监管"铁拳"生威，系统、持续、深入地研究解决堵点难题，让群众有感，效果可知。紧抓医药领域腐败问题集中整治等专项任务，全力配合、全程跟进、全域督促，推动市场监管、药品监管部门同频共振，取得更多制度性成果和更大治理成效。

■ 如何抓好落实

用好"深学习、实调研、抓落实"工作方法，持续深化拓展主题教育和教育整顿成果，练强调查研究"基本功"。联合调研、专题调研、监督调研并举，掌握真情况、了解活情况，看清全貌、看透问题，在深入分析思考上下功夫，从党的创新理论中找理念、找思路、找方法、找举措，坚持实事求是、坚持守正创新，把科学理论蕴含的真理伟力，转化为推动深化改革、完善制度、促进治理的生动实践，转化为正风肃纪反腐的实际成效，持续提升履职水平和实效。

抓落实的活力源于敢作善为，把思想自觉、政治自觉转化为行动自觉

增强斗争精神、斗争本领的养成，强化认识和实践的统一，把思想自觉、政治自觉转化为行动自觉，以真抓的实劲、敢抓的狠劲、善抓的巧劲、常抓的韧劲，聚精会神抓到位。

在思想上筑牢绝对忠诚的底色。对党忠诚是纪检监察干部的安身立命之本，理论上清醒，政治上才能坚定，斗争起来才有底气、才有力量。必须把学习领会习近平新时代中国特色社会主义思想摆在首位，自觉强化理论武装。理论学习的目的在于运用，成效要看是不是落实到做好本职工作上，不能学用脱节，学归学、说归说、做归做。切实增强等不起的紧迫感、坐不住的责任感、慢不得的危机感，扎牢基础性工作、拓展持续

性工作、谋实创新性工作，确保贯彻落实中央纪委三次全会精神见行见效。

在政治上锤炼绝对可靠的能力。每一次监督检查、每一起审查调查都连着政治、连着法治、连着民心，从而越发体现出坚持原则、勇于亮剑、敢斗善斗、担当尽责的可贵。让我们不去斗争的理由顾虑千百条，让我们敢于斗争的理由只有一条，就是党和人民的利益。必须坚持事不避难、义不逃责，在重大政治原则和大是大非问题上旗帜鲜明、无私无畏，在同歪风邪气和腐败现象作斗争时，不信邪、不怕鬼、不怕压，决不能爱惜羽毛、当"好好先生"，决不能瞻前顾后、患得患失、给自己留后路。

在行动上增强绝对纯洁的自觉。纪检监察干部是治吏之吏，手握治权之权，肩负特殊政治责任和光荣使命任务，必须牢牢把握以更高标准锻造纪检监察铁军的要求，带头在思想上、作风上、廉洁上、严管上勇于自我革命，纯洁思想、纯洁组织，努力做自我革命的表率、遵规守纪的标杆。持续建强干部队伍，完善全面从严管理机制，细化工作制度流程，强化内部监督制约，实现队伍业务"一手抓"、政治专业"一体练"，坚决防止马虎懈怠、简单任性，确保公道正派，严格依规依纪依法，深入细致做好各项工作。

（杨逸铮）

（《学习时报》2024年3月22日第1版）

■ 如何抓好落实

把干事创业作为本职本分

干事创业是党员干部的本职本分,艰苦奋斗是我们党的一贯要求、优良作风和制胜之道。毛泽东在《湘江评论》发刊词中写道:"天下者,我们的天下;国家者,我们的国家;社会者,我们的社会。我们不说,谁说?我们不干,谁干?"邓小平指出:"世界上的事情都是干出来的,不干,半点马克思主义都没有。"习近平总书记强调:"干部干部,干是当头的,既要想干愿干积极干,又要能干会干善于干,其中积极性又是首要的。"在强国建设、民族复兴的新征程上,党员干部要坚持"撸起袖子加油干""看准了就抓紧干""一年接着一年干",奋力干出新业绩、建功新时代。

对党员干部而言,干是事业的要求、岗位的需求、个人的追求。《中国共产党章程》明确规定,"党的干部是党的事业的骨干，是人民的公仆"。党员干部入党时就庄严承诺"积极工作，为共产主义奋斗终身"。中国共产党人干的是中华民族千秋伟业、人类和平与发展的崇高事业，干是党员干部的大本大原。这就要求党员干部必须时刻保持干的劲头、永远保持干的作风，把使命当作生命看，把事情当事业干。尤其是在历史发展的关键当口、攻坚克难的重要关头，党员干部更要坚决克服"躺平""划水""摸鱼"的想法，自觉用党的创新理论凝心铸魂，树牢正确的价值观、事业观、政绩观，把干当作职责使命。

干事创业需要不断提高干的能力、练就干的本领、掌握干的方法。当今世界正处在知识大爆炸的时代，科学技术突飞猛进，知识更新越来越快，能力迭代要求越来越高。党员干部如果不及时更新自己的"知识库存"、补齐"能力短板"、克服"本领恐慌"、摆脱"路径依赖"，就会干不了事、干不成事，就会在时代大潮面前不知所措，甚至惊慌失措。现实生活中，一些党员干部有干事的真诚愿望，也希望干成事，但由于出现了认知局限、知识缺口、能力弱项、方法瓶颈，面对新形势、新要求、新情况、新问题，新办法不会用、老办法不管用、硬办法不敢用、软办法不顶用，工作的胜任力减弱、事业的"胜算率"降低，最后信心不足、干劲受挫，把希望干成了失望。习近平总书记强调，"全党同志特别是各级领导干部，都要有本领不够的危机感，都要努力增强本领，都要一刻不停地增强本领"。业绩是干出来的，能力也是干出来的。这就要求党员干部深入基层单位、

■ 如何抓好落实

斗争一线,到艰苦地方去经风雨、见世面、壮筋骨,在摸爬滚打中练就奋斗硬脊梁、铁肩膀、真本事,在干事创业中提升能力和本领。

求真务实是共产党人的政治品格,是干事创业的本质要求,也是成就事业的法宝。干就要有干的样子,就要干出新样子。干的样子首先是真干实干加油干。习近平总书记指出,"新征程是充满光荣和梦想的远征,没有捷径,唯有实干。""业绩都是干出来的,真干才能真出业绩、出真业绩"。真干实干就要"真刀真枪""动真碰硬""去伪存真"。应该说,党员干部大都希望多出成绩、快出成绩、出好成绩,但一定要务真功、出真招、求真理,一定要察实情、干实事、见实效,决不能有装模作样、装腔作势、装聋作哑的形式主义、官僚主义做派,决不能有口号式、表态式、包装式做法,决不能做"两面人"、搞"伪忠诚"、造"假政绩",要自觉做到"人前人后一个样""台上台下一个样""说的干的一个样",才能创造无愧于党和人民的业绩。

马上办、抓紧干、多干点是一种态度、能力和责任,折射的是"舍我其谁"的使命感、责任感和紧迫感。面对世界之变、时代之变、历史之变,要求党员干部准确识变、科学应变、主动求变。快干、多干、抓紧干是一种抓落实的本领,抓落实最重要的是"看准了就抓紧干",前提是"看准",要害是"抓紧",关键在"干"。特别是当前,我国高质量发展外部环境的复杂性、严峻性、不确定性上升，经济持续回升向好的基础还不稳固，有效需求不足，社会预期偏弱，风险隐患仍然较多，国内大循环存在堵点，国际循环存在干扰。要继续巩固和增强经济回升向好态势，提振全社会发展信心，党员干部首先要坚定信心、真抓实干，努力以自身工作的确定性应对形势变化的不确定性。开动"脑子"、找准"靶子"、开对"方子"、迈开"步子"，抓住一切有利时机，利用一切有利条件，看准了就抓紧干，把各方面的干劲带起来。

"干部干部，先干一步。"干事创业，党员干部必须以身作则、率先垂范。众人拾柴火焰高，干出大成绩、真业绩，既要个人努力，更要发挥团队作用。团结出凝聚力、团结出战斗力。党员干部不仅要先干，更要团结大家一起干。强化团结意识、增强团队理念，在工作中讲团结、讲协作、讲大局，在思想上"合心"、工作上"合力"、行动上"合拍"，心往一处想、劲往一处使，依靠团结奋斗解决前进道路上的困难。

苦干长干接续干是中国共产党人的一贯做法和作风。王进喜跳入泥浆用身体搅拌、邓稼先长期隐姓埋名研发核武器、袁隆平一辈子埋头田野实验"杂交稻"……这一个个例子充分诠释了共产党人拼命干、长期干的深刻内涵和精神本色。习近平总书记强调，"无论我们将来物质生活多么丰富，自力更生、艰苦奋斗的精神一定不能丢"。一代人有一代人的使命，一代人有一代人的担当。新时代的党员干部更要保持拼命干、长期

■ 如何抓好落实

干的精气神，勇于担险、担责，培养吃苦吃亏品格和甘于奉献精神。只有能吃苦、肯吃亏，工作才能"吃力""吃劲"。紧握历史接力棒，跑好奋进"接力赛"，党员干部义不容辞、责无旁贷。

（谢兵良）

（《学习时报》2024年4月1日第2版）

 观 点

驰而不息抓落实

习近平总书记强调:"要从新时代中国特色社会主义思想中汲取奋发进取的智慧和力量,熟练掌握其中蕴含的领导方法、思想方法、工作方法,不断提高履职尽责的能力和水平,凝心聚力促发展,驰而不息抓落实,立足岗位作贡献,努力创造经得起历史和人民检验的实绩。"反对空谈、强调实干、注重落实,是我们党的优良传统。我们要认真学习贯彻习近平总书记重要讲话精神,进一步增强抓落实的政治自觉、思想自觉、行动自觉,不断提高抓落实的能力和水平,把党中央决策部署贯彻落实好,为强国建设、民族复兴作出应有贡献。

抓落实是党的政治路线、思想路线、群众路线的根本要求。党的十八大以来,党和国家事业取得的历史性成就、发生的历史性变革,都是党团结带领全国各族人民共同奋斗、狠抓落实,

■ **如何抓好落实**

一起拼出来、干出来的。实现党的二十大擘画的宏伟蓝图，全面建设社会主义现代化国家，以中国式现代化全面推进中华民族伟大复兴，仍然需要全党上下牢记空谈误国、实干兴邦，继续埋头苦干、真抓实干。

抓落实是衡量领导干部党性和政绩观的重要标志。当前，我国发展进入战略机遇和风险挑战并存、不确定难预料因素增多的时期，各种"黑天鹅""灰犀牛"事件随时可能发生。只有做到居安思危、未雨绸缪，知难而进、迎难而上，才能全力战胜前进道路上各种困难和挑战，经受住风高浪急甚至惊涛骇浪的重大考验。同时必须看到，一些党员干部身上仍然存在形式主义、官僚主义问题。比如，一些地方和部门贯彻落实党中央决策部署不到位，要么简单化、"一刀切"，照抄照搬、上下一般粗，要么做选择、搞变通、打折扣，不顾大局、搞部门和地方保护主义，等等。解决这些问题，要自觉用习近平新时代中国特色社会主义思想改造主观世界，坚持以学铸魂、以学增智、以学正风、以学促干。要坚决克服以会议落实会议、以文件落实文件以及把说了当做了、把做了当做成了等形式主义、官僚主义问题，敢于斗争、勇于负责，以时时放心不下的责任感和积极担当作为的精气神，为党和人民履好职、尽好责。

抓落实要创新方式方法，把一切工作往实里做、做出实效。一要强化组织领导。明确责任，健全机制，一级抓一级，层层抓落实。主要领导同志对重要任务要亲自部署，关键环节要亲自把关，落实情况要亲自督查，不能高高在上、凌空蹈虚，不能只挂帅、不出征。发扬"功成不必在我、功成必定有我"的精神，坚持一张蓝图绘到底，一茬接着一茬干，持之以恒抓落实。二要大兴调查研究。结合各自实际，深入基层，多到困难多、群众意见集中、工作打不开局面的地方和单位，察实情、出实招、求实效，在发现问题、解决问题上下功夫，想为敢为，勤为善为。三要完善督查评估机制。强化监督检查，运用好评估督导机制，强化对落实党中央决策部署情况的跟踪问效。对工作推进不力、落实不好的，要严肃追责问责。同时，要消除影响干部担当作为的各种消极因素，为担当者担当，为负责者负责，为干事者撑腰，让愿担当、敢担当、善担当蔚然成风。

路虽远，行则将至；事虽难，做则必成。只要有愚公移山的志气、滴水穿石的毅力，脚踏实地，埋头苦干，积跬步以至千里，就一定能够把宏伟目标变为美好现实。我们要做党中央决策部署的执行者、行动派、实干家，以抓落实的实际行动，不断推动各项工作迈上更高水平。

（陈学斌）

（《人民日报》2023年7月19日第9版）

■ 如何抓好落实

形成狠抓落实的好局面

习近平总书记在江苏考察时要求"在以学促干上取得实实在在的成效",强调"形成狠抓落实的好局面,不折不扣贯彻落实党中央决策部署,积极主动抓落实,聚合众力抓落实,以钉钉子精神抓落实,聚焦实际问题抓落实,在抓落实上取得新实效"。有了好的决策、好的蓝图,关键在落实。久久为功、驰而不息抓落实,工作才能取得实效。

辩证唯物主义认为,全部社会生活在本质上是实践的。实干精神是我们党的优良传统和宝贵财富,也是一以贯之的政治要求。毛泽东同志强调,共产党员一定要有"认真实干"的精神,"什么东西只有抓得很紧,毫不放松,才能抓住""一件事不做则已,做则必做到底,做到最后胜利"。邓小平同志强调:"不干,半点马克思主义也没有。"习近平总书记强调:"空谈误国,实干兴邦""大道至简，实干为要"，要求在察实情、出实招、求实效上下功夫，把工作抓实、基础打实、步子迈实，在力戒形式主义、官僚主义上取得明显实质性进展。

抓落实能力是政治能力的重要体现。旗帜鲜明讲政治是我们党作为马克思主义政党的根本要求，保证党的团结统一是党的生命。党员、干部要不断提高政治判断力、政治领悟力、政治执行力，做工作时自觉同党的基本理论、基本路线、基本方略对标对表，同党中央决策部署对标对表，及时校正偏差，做到党中央提倡的坚决响应，党中央决定的坚决照办，党中央禁止的坚决杜绝。确保各领域各方面贯彻落实不偏向、不变通、不走样，确保党的二十大精神不折不扣地落实到实际行动中，形成狠抓落实的好局面。

形式主义是影响党员、干部抓落实的一大障碍。习近平总书记指出："形式主义实质是主观主义、功利主义，根源是政绩观错位、责任心缺失，用轰轰烈烈的形式代替了扎扎实实的落实，用光鲜亮丽的外表掩盖了矛盾和问题。"形式主义是党和人民事业的大敌，同党的性质宗旨和优良作风格格不入。在实际工作中，一些人仍存在"行动迟缓拖沓"慢落实，"合意者取之、不合意者弃之"选择性落实，"只求形式、不求结果"假落实，"敷衍塞责、推诿扯皮"不落实等现象，导致抓落实大打折扣，甚至走了样、落了空。党员、干部必须树立正确政绩观，多做打基础、利长远、出实效的事，扎扎实实深入实际、深入基层、

■ 如何抓好落实

深入群众，以实实在在的行动实现好、维护好、发展好最广大人民根本利益。同时，对那些不落实、假落实、慢落实、选择性落实的人和事，都要进行严肃问责，使真抓实干蔚然成风。

世间事，作于细，成于严。抓落实就要明确谁来做、怎么做、何时做、按什么标准做、做到什么程度、什么时间做完等责任和要求，努力凝聚并不断增强工作合力，以绣花功夫把工作做扎实、做到位，避免出现谁都管、谁都不管和谁都干、谁都不干的现象。抓落实绝非一时一日之功，也不是一朝一夕能至。要以"马上就办、真抓实干"的态度、"踏石留印、抓铁有痕"的劲头、"锲而不舍、驰而不息"的精神，始终保持一抓到底、一刻不松的韧劲与斗志，才能真正见到成效、收到长效。

（杨斌）

（《人民日报》2023年9月19日第9版）

> 实 践

雷厉风行抓落实

强调实干、注重落实,是我们党的一个优良传统。习近平总书记高度重视抓落实工作,强调"要雷厉风行抓落实,统筹把握时度效"。今年全国两会上,习近平总书记发表一系列重要讲话,为以中国式现代化全面推进强国建设、民族复兴伟业提供了根本遵循。

代表委员表示,要坚持以习近平新时代中国特色社会主义思想为指导,按照政府工作报告的部署要求,牢牢把握高质量发展这个首要任务,雷厉风行抓落实,统筹把握时度效,以时不我待的紧迫感和奋楫争先的责任担当,把党中央决策部署落到实处,为以中国式现代化全面推进强国建设、民族复兴伟业作出新的更大贡献。

■ 如何抓好落实

看准了就抓紧干，把各方面的干劲带起来

3月5日，习近平总书记在参加江苏代表团审议时指出："要继续巩固和增强经济回升向好态势，提振全社会发展信心，党员干部首先要坚定信心、真抓实干。"

高质量发展是全面建设社会主义现代化国家的首要任务。代表委员表示，推动高质量发展，要因时因势抓住重要窗口期，看准了就抓紧干，雷厉风行抓落实，把各方面的干劲带起来。新征程上，要以更加积极主动的姿态把握机遇、应对挑战，以奋勇争先的劲头紧抓快干、埋头实干，不断推动高质量发展取得新成效。

因地制宜发展新质生产力。

"我们牢记总书记嘱托，抢抓机遇，因地制宜、分类指导，加快发展新质生产力。"江苏省产业技术研究院院长、长三角国家技术创新中心主任刘庆代表说，要加大创新力度，培育壮大新兴产业，超前布局未来产业，完善现代化产业体系。

牢牢掌握发展主动权，增强发展的安全性稳定性。

安全是发展的前提，发展是安全的保障。"我们加大油气勘探开发力度，储量、产量实现新的跃升，为端稳能源饭碗作出新贡献。"中国石化胜利油田分公司河口采油厂采油管理八区注采804站采油工赵琢萍代表说，要认真贯彻落实党中央决策

部署，着力强化能源资源安全保障，不断增强发展的安全性稳定性。

集中精力推动高质量发展，巩固和增强经济回升向好态势。

"完成今年经济社会发展目标任务，必须深入贯彻习近平经济思想，集中精力推动高质量发展。政府工作报告提出的一系列新目标新举措，传递出我国集中精力推动高质量发展的决心和信心。"甘肃省嘉峪关市委副书记、市长刘凯代表说，把宏伟目标变为美好现实，要不等不靠、锐意进取。

刘凯代表表示，嘉峪关市将着力扩大有效益的投资、推进新型工业化，以创新绿色、动能转换优存量，以着眼未来、高端引领扩增量，推动实现能源资源梯级利用和产业循环衔接。激发有潜能的消费、增强经济活力，大力发展通道物流产业，努力把交通区位优势转化为发展新优势。加快创建国家文物保护利用示范区，拓展文旅体商融合业态，推动高质量发展取得新的更大成效。

统筹把握时度效，把雷厉风行和久久为功有机结合起来

3月6日，习近平总书记在看望参加政协会议的民革、科技界、环境资源界委员时指出："要积极推动两岸科技、农业、人文、青年发展等领域交流合作""要进一步增强科教兴国强国的抱负，担当起科技创新的重任""要在加强生态环境保护、以高

■ **如何抓好落实**

水平保护支撑高质量发展上作出新贡献",强调"只要看到我们是在往前走着,就要保持定力"。

代表委员表示,雷厉风行抓落实,要统筹把握时度效,把雷厉风行和久久为功有机结合起来。

要分清轻重缓急,从主要矛盾和矛盾的主要方面抓起。

让人民生活幸福是"国之大者"。"巩固拓展脱贫攻坚成果是推进乡村全面振兴的底线任务。这几年,云南持续抓好农村居民和脱贫人口持续增收行动,乡亲们的日子越来越红火。"云南省怒江傈僳族自治州委副书记、州长李文辉代表说,持续巩固拓展脱贫攻坚成果,要采取更多惠民生、暖民心举措。接下来将精准落实产业、就业兜底帮扶措施,加快草果、咖啡、优质中药材等特色优势产业全产业链发展,全力做好教育、医疗等民生工作,不断增强人民群众的获得感、幸福感、安全感。

要保持战略定力和历史耐心,坚持一张蓝图绘到底,久久为功。

"作为推动高质量发展的内在要求,推进碳达峰碳中和是一项长期任务,坚持稳中求进、以进促稳、先立后破,制定好施工图和时间表,发扬钉钉子精神,坚持不懈抓下去。"青海省海西蒙古族藏族自治州委副书记、州长乔亚群代表说,积极稳妥推进碳达峰碳中和,要一步一个脚印解决具体问题,把握好控耗降碳的节奏和力度,加快推进能源绿色低碳转型。

要尊重经济社会发展规律,夯实高质量发展的根基。

"推动高质量发展必须实现高水平科技自立自强，科技创新有其自身规律，要有'十年磨一剑'的耐心，推动重大科技创新、实现更多'从0到1'的突破。"上海交通大学校长丁奎岭代表说，高水平研究型大学要切实担负起基础研究主力军和重大科技突破生力军的职责使命。下一步要聚焦提升学校的科技创新能级，努力实现高水平科技自立自强。要充分发挥高校、企业创新双主体强耦合作用，进一步推动基础研究水平提升，鼓励支持科研人员深耕细作、长期坚持，激励科学家肩负起科技创新重任。

坚持干在实处、务求实效，推动高质量发展实现新突破

抓落实的前提是把党中央决策部署意图和落实举措搞清楚。雷厉风行抓落实不能流于形式，"能否真正领会精神""是否有实招真招"更关键。

代表委员表示，在经济建设的主战场，在科技创新的最前沿，在基层实践的第一线，要树立和践行正确政绩观，匡正干的导向、增强干的动力、形成干的合力，推动高质量发展实现新突破。

采取务实举措，一步一个脚印抓出成效。

"坚持效果导向，是抓落实的重要方法论。我们坚持对标'国之大者'谋划发展目标和发展路径，对要干什么、该怎么干了

■ **如何抓好落实**

然于胸,建立压茬推进、定期问效等机制,将认准的事一抓到底、抓出实效。"湖北省黄石市委副书记、市长吴之凌代表说,黄石将以效果为导向狠抓落实,持续推进钢铁、有色金属等传统产业技术改造,打造全国先进制造业基地。

健全长效机制,不断夯实干事创业的基础。

雷厉风行抓落实,真正抓出成效,要有锐意进取的精气神和脚踏实地的实际行动,还要注重健全抓落实的工作机制。"要更好发挥法治固根本、稳预期、利长远的保障作用,以完善的机制促落实,让推动高质量发展的各项任务落下去、实起来。"上海市人大常委会秘书长谢坚钢代表说,接下来将不断加大浦东新区法规立法力度,更好支持推动浦东首创性改革、引领性开放、开拓性创新各项措施的落实,为国家更好试制度、探新路。

广泛汇集各方力量,形成共促高质量发展的合力。

"加强党对经济工作的全面领导,必须推动各方面统筹协调、齐抓共管。"中国农业发展银行党委书记、董事长钱文挥委员说,要广泛凝聚社会共识、汇集各方力量,推进乡村全面振兴不断取得实质性进展。农发行将强化政策性银行职能定位,坚守服务"三农"职责,深耕金融支农阵地,全力服务乡村全面振兴和农业强国建设。

代表委员表示,做好2024年经济社会发展工作任务艰巨、使命光荣。我们要更加紧密地团结在以习近平同志为核心的党中央周围，全面贯彻习近平新时代中国特色社会主义思想，坚定信心、开拓奋进，努力实现经济社会发展各项目标任务，以高质量发展的实际行动和成效，确保把中国式现代化宏伟蓝图一步步变成美好现实。

（人民日报记者常钦、巨云鹏、叶传增、李蕊，乔栋、姚雪青、强郁文、邓剑洋参与采写）

（《人民日报》2024年3月11日第7版）

第三篇

求真务实抓落实

■ 如何抓好落实

求真务实抓落实

习近平总书记在二〇二四年新年贺词中指出:"2023年,我们接续奋斗、砥砺前行,经历了风雨洗礼,看到了美丽风景,取得了沉甸甸的收获。"这样的收获来之不易,是广大党员干部和人民群众一起求真务实干出来的。

为者常成,行者常至。美好蓝图绘就,不落实就只能停留于纸面。只有发挥主观能动性去实践,才能真正认识世界、改造世界。古人讲的"言必信,行必果""绝知此事要躬行""为之,则难者亦易矣"等等,都是强调重实践、做实事。注重实干、求真务实,是我们党的优良传统。早在革命战争年代,毛泽东同志就教育全党,要密切联系群众,坚决反对形式主义和官僚主义作风。求真就是追求真理,把握事物的内在规律;务实就是遵循规律，将真理运用于实践。正是一代代共产党人秉持实事求是精神，从中国实际出发，将马克思主义基本原理同中国具体实际、同中华优秀传统文化相结合，不断探索真理、实干苦干，我们才能不断从胜利走向新的胜利。

习近平总书记多次强调坚持求真务实，要求坚决防止和克服形式主义、官僚主义。去年6月在内蒙古考察时指出："要大兴务实之风，抓好调查研究，在察实情、出实招、求实效上下功夫，把工作抓实、基础打实、步子迈实，在力戒形式主义、官僚主义上取得明显实质性进展"。9月在浙江考察时强调："树立正确政绩观，坚持立足实际、科学决策，坚持着眼长远、打牢基础，坚持干在实处、务求实效，防止形式主义、官僚主义。"在去年底召开的中央经济工作会议上进一步强调，要求真务实抓落实，坚决纠治形式主义、官僚主义。

在实践中，与求真务实背道而驰的是形形色色的形式主义、官僚主义。各种不担当、不作为、乱作为、假作为，严重影响高质量发展，严重影响党同人民群众的血肉联系。习近平总书记指出："形式主义、官僚主义是顽瘴痼疾啊，就像'牛皮癣'，必须下大力气坚决纠治，坚持为基层、企业减负，让干部群众的精力真正花在干实事上。"新时代以来，以习近平同志为核心的党中央对整治形式主义、官僚主义始终高度重视、要求一以

■ 如何抓好落实

贯之。把制定和实施八项规定作为切入口，以踏石留印、抓铁有痕的精神，持续深化整治，党风政风明显改善。

同时也要看到，形式主义、官僚主义具有长期性、复杂性，在不同条件下又有新变种、新表现。比如，一些干部只开会传达部署，没有任何实际举措，搞口头落实；不顾地方实际情况，夸大成绩、虚构数字，搞面子工程；天天发文件、收材料，举办各种论坛，在各类应用软件、公号上打卡，搞无用忙碌；走马观花、口号表态，搞走秀调研；等等。出现这些现象，其根源就是一些党员干部政绩观错位、责任心缺失。

空谈误国，实干兴邦。不干，半点马克思主义都没有。我们正处于实现中华民族伟大复兴的关键时期，战略机遇和风险挑战并存，当前经济社会发展面临不少现实困难和挑战。广大党员干部承担着推进中国式现代化的光荣使命，承载着广大人民群众的殷切期盼，必须发扬求真务实精神，将党中央各项决策部署落到实处。求真务实抓落实，一要摒弃功利心。想问题做事情，从党和国家事业需要出发，而不是从自己的进退得失出发，把注意力放在干实事上，把精力放在干成事上。二要树立责任心。一切从实际出发，尊重客观规律，以时时放心不下的责任感担当作为、干事创业，发扬钉钉子精神，抓住一切有利时机，利用一切有利条件，看准了就抓紧干，一张蓝图干到底。

三要贴近群众心。树立为民造福的政绩观，把人民群众急难愁盼放在心上，把人民群众的安危冷暖放在心上，实实在在办好惠民利民实事，在实干中提升自己、推进事业、创造实绩。

（何民捷）

（《人民日报》2024年1月18日第9版）

■ 如何抓好落实

>> 理 论

着力提高调查研究质量

在学习贯彻习近平新时代中国特色社会主义思想主题教育工作会议上，习近平总书记强调："要深入调查研究""改进调研方式，力戒形式主义、官僚主义""提高调研成果质量，切实把调研成果转化为解决问题、改进工作的实际举措"。着力提高调查研究质量，运用党的创新理论研究新情况、解决新问题，是深入学习贯彻习近平总书记重要讲话精神、贯彻落实党中央决策部署、深入开展主题教育的必然要求。

调查研究是关系党和人民事业得失成败的大问题

习近平总书记指出："调查研究是谋事之基、成事之道""是我们党的传家宝，是做好各项工作的基本功"。大兴调查研究，是深入学习贯彻习近平新时代中国特色社会主义思想的必然要求，是应对新征程上风浪考验、推进高质量发展的应有之义，是转变工作作风、密切联系群众、提高履职本领、强化责任担当的重大举措。

学习贯彻党的创新理论需要高质量的调查研究。时代是思想之母，实践是理论之源。习近平新时代中国特色社会主义思想在新时代伟大实践中创立，在指导实践、推动实践中展现出巨大真理力量和实践伟力。深入实际、深入实践的高质量调查研究，有助于党员干部深刻把握这一重要思想的理论逻辑、历史逻辑、实践逻辑，更加全面把握这一重要思想的世界观、方法论和贯穿其中的立场观点方法，更加深切地领悟这一重要思想对推动工作思路、举措、办法创新的重要作用，从而真正运用这一重要思想优化思想方法、解决思想困惑，始终做到方向明确、头脑清醒、应对有方、行动有力。

坚持人民至上需要高质量的调查研究。人民性是马克思主义的本质属性。习近平总书记指出："江山就是人民、人民就是江山，打江山、守江山，守的是人民的心。"坚持为人民执政、靠人民执政，必须贯彻党的群众路线，时刻关注群众在想什么、盼什么，真正搞清楚老百姓的"喜怒哀乐、酸甜苦辣"，从而在人民的创造性实践中获得正确认识，使各项决策和工作部署集中民智、体现民意、反映民情、深得民心，赢得人民群众的拥护和支持，把党的正确主张变为人民群众的自觉行动。

■ 如何抓好落实

掌握马克思主义认识论需要高质量的调查研究。实践的观点是马克思主义认识论的基本观点。在实践—认识—再实践—再认识的循环往复中使主观与客观相符合，需要有一个桥梁和途径，调查研究就是这样的桥梁和途径。只有深入实际，搞清楚问题是什么、症结在哪里，然后分析综合，形成符合实际的判断，才能拿出破解难题的实招硬招。为了打赢脱贫攻坚战，习近平总书记先后7次主持召开中央扶贫工作座谈会，50多次调研扶贫工作，走遍14个集中连片特困地区。正是这样看真贫、扶真贫，直接听取贫困地区干部群众意见，不断完善扶贫思路和扶贫举措，以习近平同志为核心的党中央带领全党全国人民打赢了人类历史上规模最大的脱贫攻坚战，创造了彪炳史册的人间奇迹。

高质量的调查研究贵在坚持实事求是

习近平总书记指出：调查研究"既要'身入'基层，更要'心到'基层，听真话、察真情，真研究问题、研究真问题"，要"坚持问题导向，增强问题意识，敢于正视问题，善于发现问题，既看'高楼大厦'又看'背阴胡同'，真正把情况摸清、把问题找准、把对策提实"。调查研究的高质量，贵在"真"和"实"。要努力在提高调查研究对象的广泛性上下功夫，在提高调查研究内容的针对性上下功夫，在提高调查研究方法的科学性上下功夫，在提高调查研究成果的有效性上下功夫，不断提高调查研究的质量和水平。

真情对待群众。习近平总书记指出:"贯彻党的群众路线,首先要对群众有感情,真正把自己当作群众的一员、把群众的事当作自己的事。"2013年2月3日,习近平总书记在甘肃省渭源县元古堆村马岗家的土坯房里,从墙根水缸舀起一瓢水尝了尝,苦咸水的滋味让他眉头紧锁。在引洮供水工程工地考察时,习近平总书记叮嘱当地和随行有关部门负责同志"民生为上,治水为要"。此后,惠及甘肃几百万人民群众的"引洮工程"加快施工,甘甜的自来水流进家家户户。充满人民情怀的调查研究,为广大党员干部树立了典范。有真情才能身挨身坐、心贴心聊。衡量调查研究质量高低,不是看调查研究的规模有多大、时间有多长,也不光看调研报告写得怎么样,关键是调查研究的"质"和"效",看调研成果是否得到运用,看问题是否得到解决,看工作水平是否得到提高,看与群众感情是否进一步加深。

真诚听取意见。真诚才能换来真话。2020年9月17日,习近平总书记在湖南省长沙市主持召开基层代表座谈会时指出:"大家都处在改革发展和生产一线,参与经济社会生活最直接,同群众联系最经常,对党的路线方针政策落地见效感知最真切,提出的意见和建议能够更加贴近基层实际、反映群众心声。"有了这份真诚,群众就会讲真话、实话、心里话。调查研究不能只是听听、转转、看看,要防止"作秀式"调研、扎堆调研,防止浮光掠影、人到心不到的"蜻蜓点水"式调研,防止自主

■ 如何抓好落实

性差、丧失主动权的"被调研"。无论是召开座谈会、研讨会，还是走访调查、蹲点调查、典型调查、实地考察，都要务实扎实、虚心求教。

真心解决问题。习近平总书记指出："要提高调查研究能力，坚持问题导向，深入实际摸清真实情况，集合众智提出解决办法，努力使对策建议有的放矢、切中要害。"调查研究的目的是解决问题。全面建成社会主义现代化强国、实现第二个百年奋斗目标，以中国式现代化全面推进中华民族伟大复兴，是前无古人的开创性事业，需要研究和解决的重大问题很多，迫切需要各级领导干部扑下身子、沉到一线，深入农村、社区、企业、医院、学校、"两新"组织等基层单位，把脉问诊、解剖麻雀。要多到最困难的地方去，到群众意见多的地方去，到工作推不开的地方去。要防止调查多研究少、情况多分析少，提出的对策措施大而化之、空洞抽象。要把微观调研和宏观调研结合起来，把定性分析和定量分析结合起来，把调研重心放在梳理问题、排查难题、研机析理、找准症结、明确抓手上，形成问题清单、责任清单、任务清单，一条一条研究，一项一项解决。

真正举一反三。调查研究的过程，不仅是深入实际、弄清"实事"的过程，也是举一反三、深入"求是"的过程。2005年11月2日，时任浙江省委书记的习近平同志在浙江省委政策研究室调研时强调："关键是调查后要善于研究""既要预见潮流所在和大势所趋，又能看到'风起于青萍之末'的苗头性、倾向性问题；调研的过程必须是去粗取精、去伪存真、由此及彼、由表及里的精心分析和研究的过程"。提高调查研究质量，要坚持运用习近平新时代中国特色社会主义思想的世界观、方法论和贯穿其中的立场观点方法，通过交换、比较、反复，由感性认识上升为理性认识，把零散的认识系统化，把粗浅的认识深刻化，把握现象和本质、形式和内容、原因和结果、偶然和必然、可能和现实、内因和外因、共性和个性的关系，提出解决问题、促进工作、完善政策、建立机制、形成长效的思路举措。特别是对那些具有普遍性和制度性的问题、涉及改革发展稳定的深层次关键性问题以及难题积案和顽瘴痼疾等要研究透彻，从而在工作中胸中有"全景图"、手中有"工具箱"。

以高质量的调查研究推动高质量发展

习近平总书记指出："紧紧围绕高质量发展这个全面建设社会主义现代化国家的首要任务，以强化理论学习指导发展实践，以深化调查研究推动解决发展难题，把学习和调研落实到完成党的二十大部署的各项任务中去，以推动高质量发展的新成效检验主题教育成果。"我们要全面贯彻习近平新时代中国特色社会主义思想，以高质量的调研推动高质量发展。

在深入调研中深刻领悟推动高质量发展的重大决策部署。要通过高质量的调研，从理论和实践结合上深入领会加快实现

■ **如何抓好落实**

高水平科技自立自强是推动高质量发展的必由之路，加快构建新发展格局是推动高质量发展的战略基点，推进农业现代化是实现高质量发展的必然要求，人民幸福安康是推动高质量发展的最终目的；深入领会推动高质量发展"必须完整、准确、全面贯彻新发展理念""必须更好统筹质的有效提升和量的合理增长""必须坚定不移深化改革开放、深入转变发展方式""必须以满足人民日益增长的美好生活需要为出发点和落脚点""必须坚持和加强党的全面领导、坚定不移全面从严治党"；深入领会中国式现代化的中国特色、本质要求和重大原则，中国式现代化理论和全面建设社会主义现代化国家战略布局的关系，推进中国式现代化需要处理好的若干重大关系；深入领会全面建成社会主义现代化强国"两步走"的战略安排，深入实施科教兴国战略、人才强国战略、创新驱动发展战略、乡村振兴战略等一系列重大战略的重大意义；等等。

在深入调研中找准本地区本部门本单位影响和制约高质量发展的问题短板及其根源。通过高质量的调研，发现和系统梳理提高政治判断力、政治领悟力、政治执行力方面的差距，思想观念、思维方式、思路举措、工作方法方面的差距，深入贯彻新发展理念、加快构建新发展格局、推动高质量发展方面的差距，防风险、迎挑战、抗打压能力方面的差距，担当作为、干事创业方面的差距，宗旨意识、群众感情方面的差距，真正把自己摆进去、把职责摆进去、把工作摆进去。对照检视自身工作与党中央要求和群众愿望相比还存在哪些短板，找准问题症结，进行靶向治疗，及时提出并落实解决问题的举措办法。

在深入调研中增强推动高质量发展的担当和本领。习近平总书记指出："这次主题教育，要教育引导广大党员、干部学思想、见行动，树立正确的权力观、政绩观、事业观，增强责任感和使命感，不断提高推动高质量发展本领、服务群众本领、防范化解风险本领"。要通过高质量的调研，进一步深刻领悟"两个确立"的决定性意义，增强"四个意识"、坚定"四个自信"、做到"两个维护"，把坚持和加强党中央集中统一领导落实到推动高质量发展全过程各方面；胸怀两个大局，胸怀"国之大者"，坚持问题导向与目标导向、效果导向相结合，不断提高推动高质量发展的系统性、整体性、协同性；加强理论学习、厚实理论功底，保持战略定力，做到谋划时统揽大局、推进中细致精当、实操时下足绣花功夫；加强对实践经验的总结和对新情况、新问题的调查研究，弄清楚它们是怎么产生的、变化发展的趋势怎样、应该如何因势利导，通过探索和总结提高思想水平和工作能力；发扬"功成不必在我、功成必定有我"的精神，保持锐意进取、敢为人先、迎难而上的奋斗姿态，在推动高质量发展中积极作为，为推进强国建设、民族复兴的历史伟业贡献智慧和力量。

（臧安民）

（《人民日报》2023年5月23日第9版）

■ 如何抓好落实

深刻理解和把握一切从实际出发

一切从实际出发，是我们想问题、作决策、办事情的出发点和落脚点。党的十八大以来，习近平总书记多次就坚持一切从实际出发进行深刻阐释，强调："不论过去、现在和将来，我们都要坚持一切从实际出发""要坚持实事求是、一切从实际出发，坚决防止形式主义、官僚主义"。习近平总书记关于坚持一切从实际出发的重要论述精神，体现在党的十八大以来我们党治国理政的全过程各方面。在强国建设、民族复兴的新征程上，解决新时代改革开放和社会主义现代化建设的实际问题，不断回答中国之问、世界之问、人民之问、时代之问，就要深入贯彻落实习近平总书记关于一切从实际出发的重要论述精神，在想问题、作决策、办事情时以客观实际为出发点，坚持发展变化的观点，坚持普遍联系的观点。

以客观实际为出发点

辩证唯物主义是马克思主义哲学的重要组成部分，是中国共产党人的世界观和方法论。坚持一切从实际出发，是由世界统一于物质、物质决定意识的原理决定的。恩格斯指出："世界的真正的统一性在于它的物质性，而这种物质性不是由魔术师的三两句话所证明的，而是由哲学和自然科学的长期的和持续的发展所证明的。"习近平总书记指出："世界物质统一性原理是辩证唯物主义最基本、最核心的观点，是马克思主义哲学的基石。""遵循这一观点，最重要的就是坚持一切从客观实际出发，而不是从主观愿望出发。"深入学习领会习近平总书记的重要论述，就要学习掌握世界统一于物质、物质决定意识的原理，坚持以客观实际为出发点制定政策、推动工作。

习近平总书记指出："当代中国最大的客观实际是什么？就是我国仍处于并将长期处于社会主义初级阶段。这是我们认识当下、规划未来、制定政策、推进事业的客观基点，不能脱离这个基点，否则就会犯错误，甚至犯颠覆性的错误。对这个问题，很多同志在认识上是知道的，但在遇到具体问题时，有些同志会出现'乱花渐欲迷人眼'的情况，经常会冒出各种主观主义的东西，有时甚至头脑发热、异想天开。有的人喜欢拍脑袋决策、拍胸脯表态，盲目铺摊子、上项目，或者提出一些不切实际的

■ 如何抓好落实

高指标，结果只能是劳民伤财、得不偿失。为什么会出现这样的问题？甚至反复出现这样的问题？从思想根源来看，就是没有做到一切从实际出发。"这深刻启示我们，客观地认识实际是认识事物、分析问题的根本前提，如果违背客观性，一厢情愿盲从主观愿望，就会犯主观主义的错误。

坚持以客观实际为出发点，必须深入研究客观现象、分析客观规律、把握客观要求。习近平总书记在谈到"扎实推进长三角一体化发展"时指出："不同地区的经济条件、自然条件不均衡是客观存在的，如城市和乡村、平原和山区、产业发展区和生态保护区之间的差异，不能简单、机械地理解均衡性。解决发展不平衡问题，要符合经济规律、自然规律，因地制宜、分类指导，承认客观差异，不能搞一刀切。"深入学习领会习近平总书记的重要论述，我们深刻认识到，发展差距往往是发展空间，解决区域发展不平衡问题，必须从各地实际发展空间入手，决不能在推进工作中出现不顾客观情况而邯郸学步、东施效颦的问题。

坚持发展变化的观点

"变化者，乃天地之自然。"习近平总书记指出："客观实际不是一成不变的，而是不断发展变化的。"习近平总书记的重要论述深刻阐明了坚持一切从实际出发，必须坚持发展变化的观点，坚持用发展的眼光去看待不断发展变化的客观实际。只有坚持发展变化的观点，才能使我们的主观世界更好符合客观实际，有效推动党和人民事业发展。

习近平总书记要求用发展的眼光看问题。在用发展的眼光看待坚持马克思主义和坚持社会主义上，习近平总书记指出："坚持马克思主义，坚持社会主义，一定要有发展的观点。我们的事业越前进、越发展，新情况新问题就会越多，面临的风险和挑战就会越多，面对的不可预料的事情就会越多。我们必须增强忧患意识，做到居安思危，懂就是懂，不懂就是不懂；懂了的就努力创造条件去做，不懂的就要抓紧学习研究弄懂，来不得半点含糊。"在用发展的眼光看待社会主义初级阶段基本国情上，习近平总书记指出："坚持一切从实际出发，既要看到社会主义初级阶段基本国情没有变，也要看到我国经济社会发展每个阶段呈现出来的新特点。我国社会生产力、综合国力、人民生活水平实现了历史性跨越，我国基本国情的内涵不断发生变化，我们面临的国际国内风险、面临的难题也发生了重要变化""我们要准确把握国际国内环境变化，辩证分析我国经济发展阶段性特征，准确把握我国不同发展阶段的新变化新特点"。在用发展的眼光看待新发展格局上，习近平总书记指出："我多次讲，要推动形成以国内大循环为主体、国内国际双循环相互促进的新发展格局。这个新发展格局是根据我国发展阶段、环境、条件变化提出来的，是重塑我国国际合作和竞争新优势的

■ 如何抓好落实

战略抉择。近年来，随着外部环境和我国发展所具有的要素禀赋的变化，市场和资源两头在外的国际大循环动能明显减弱，而我国内需潜力不断释放，国内大循环活力日益强劲，客观上有着此消彼长的态势。"在用发展的眼光看待党的先进性上，习近平总书记指出："党的先进性和党的执政地位都不是一劳永逸、一成不变的，过去先进不等于现在先进，现在先进不等于永远先进；过去拥有不等于现在拥有，现在拥有不等于永远拥有。这是用辩证唯物主义和历史唯物主义观察问题得出的结论。"深入学习领会习近平总书记的重要论述，我们深刻体会到，只有坚持发展变化的观点、坚持发展的眼光，才能让思想跟得上不断变化着的实际，才能掌握事业发展的主动权，下好先手棋、打好主动仗。

坚持普遍联系的观点

"有上则有下，有此则有彼。"万事万物是相互联系、相互依存的。习近平总书记指出："唯物辩证法认为，事物是普遍联系的，事物及事物各要素相互影响、相互制约，整个世界是相互联系的整体，也是相互作用的系统。"坚持普遍联系的观点，是坚持一切从实际出发的必然要求。习近平总书记高度重视坚持普遍联系的观点，强调："坚持唯物辩证法，就要从客观事物的内在联系去把握事物，去认识问题、处理问题。""世界上的事物总是有着这样那样的联系，不能孤立地静止地看待事物发展，否则往往会出现盲人摸象、以偏概全的问题。"深入学习领会习近平总书记的重要论述，我们深刻体会到，坚持普遍联系的观点，从客观事物本身的真实联系去把握事物、认识问题和处理问题，是一种科学思想方法。

习近平总书记高度重视事物的内在联系，通过对内在联系的把握去科学认识事物，指出："坚持实事求是，就要深入实际了解事物的本来面貌。要透过现象看本质，从零乱的现象中发现事物内部存在的必然联系，从客观事物存在和发展的规律出发，在实践中按照客观规律办事。"习近平总书记在提出一系列原创性的治国理政新理念新思想新战略时，多次强调要从事物的内在联系去认识和把握。比如，关于新发展理念，习近平总书记指出："坚持创新发展、协调发展、绿色发展、开放发展、共享发展，是关系我国发展全局的一场深刻变革。这五大发展理念相互贯通、相互促进，是具有内在联系的集合体，要统一贯彻，不能顾此失彼，也不能相互替代。"比如，关于党和国家机构职能体系，习近平总书记指出："党和国家机构职能体系是中国特色社会主义制度的重要组成部分，是由党和国家管理活动各个环节、各个层面、各个领域的相互关系和内在联系构成的有机整体，既有机构层面的，也有职能层面的。"这些重要论述告诉我们，只有切实把握内在联系，才能在工作中真正提高系统集成能力。习近平总书记还强调要注重从宏观总体上

■ **如何抓好落实**

全面地把握客观事物。比如，关于了解真实的中国，习近平总书记指出："了解中国是要花一番功夫的，只看一两个地方是不够的""了解中国要切忌'盲人摸象'"。深入学习领会习近平总书记的重要论述，我们深刻体会到，真正做到坚持一切从实际出发，就要既坚持分析基础上的全面综合判断，又坚持综合基础上的深入分析，这样才能在实践中前瞻性思考、全局性谋划、整体性推进党和国家各项事业。

（吴瀚飞）

（《人民日报》2023年8月24日第9版）

"四下基层"彰显历久弥新的时代价值和实践伟力

"四下基层"是习近平同志在福建宁德工作时大力倡导并身体力行形成的工作方法和工作制度。35年来,"四下基层"在机制上不断完善、在主体上不断拓展、在形式上不断创新。把学习推广"四下基层"作为第二批学习贯彻习近平新时代中国特色社会主义思想主题教育的重要抓手,必将有力推动广大党员干部走好新时代党的群众路线,在新时代伟大实践中彰显历久弥新的时代价值和实践伟力。

"四下基层"是践行党的群众路线的一项重大创举

习近平同志在宁德工作期间,以身作则带领各级党政干部

■ 如何抓好落实

深入基层，发动群众、组织群众、依靠群众，推动改革开放和经济社会发展，以实际行动密切党同人民群众的血肉联系，为党员干部践行党的群众路线树立了光辉典范。

把为民造福作为"四下基层"根本出发点，着力解决好群众急难愁盼问题。为中国人民谋幸福，为中华民族谋复兴，是中国共产党人的初心和使命。习近平同志在《从政杂谈》中指出："当官，当共产党的'官'，只有一个宗旨，就是造福于民。"20世纪八九十年代，宁德霞浦和福安一带沿海有不少世代以船为家的连家船民，长年累月漂泊于海上，生活相当艰苦。习近平同志高度重视连家船民的生活境遇，亲自带队考察，现场办公制定方案，推动连家船民上岸，让他们过上了岸上有房、作业有船的新生活。在福建工作期间，习近平同志身体力行守护好群众的菜篮子、肉案子、米袋子，着力解决群众就业、子女上学、看病、住房等急难愁盼问题。将百姓的衣食住行、利益福祉挂在心上，矢志造福人民，以强烈公仆之心和念兹在兹的深厚情怀推动各项工作，这是共产党人为民造福、为民执政的鲜明特质。

把基层一线作为"四下基层"关键所在，确保党的政策主张落地生根。基层是党的执政之基、力量之源。习近平同志在福建工作时指出："我们一切工作，基层最重要""基层是第一线，也是前线，也是火线"。1988年12月20日，宁德首次"地县领导接待群众来访日"活动在霞浦县举办。时任宁德地委书记的习近平同志带领地县两级领导与102名来访群众对话，受理各类问题86件，当场答复解决12件，其余的要求相关部门在一个月内处理完毕。到省里工作后，习近平同志系统总结南平向农村选派村党支部书记、科技特派员和乡镇流通助理的实践经验，从中凝练出"高位嫁接、重心下移、夯实农村工作基础"的工作思路并在全省推广，促进机关干部、科技人员和农民形成互相支持、互相依赖、互相配合的有机整体，开创了农业和农村发展新局面。坚持工作力量下沉，鼓励引导党员干部深入基层、深入群众，在基层一线落实党的方针政策，这是我们党高度重视基层治理的生动体现。

把以研促谋作为"四下基层"突出抓手，有力促进决策质量不断提高。调查研究是我们党的传家宝，是做好各项工作的基本功。习近平同志在福建工作期间，始终把调查研究作为促进决策科学化、民主化的重要抓手。1988年6月，到任宁德地委书记后，习近平同志首先开展了深入的调查研究，跑遍9个县。在此基础上，提出了闽东地区"弱鸟先飞""滴水穿石""扶贫先要扶志"等发展理念。在宁德工作期间，他跑遍绝大多数乡镇，留下了"三进下党""三上毛家坪"等佳话。从调研起步，以调研开局，是习近平同志在福建工作时的鲜明特点，为今天全党重视调研、深入调研、善于调研树立了光辉榜样。

把问题导向作为"四下基层"重要方法，推动矛盾问题有效解决。问题是时代的声音。习近平总书记指出："要提高调查

■ **如何抓好落实**

研究能力，坚持问题导向，深入实际摸清真实情况，集合众智提出解决办法，努力使对策建议有的放矢、切中要害。"在福建工作期间，习近平同志始终坚持问题导向，着力推动问题在一线解决。三进下党访贫问苦、现场办公，协调解决下党村公路和水电建设、下屏峰村灾后重建等问题，造福当地群众。六年七下晋江，摸实情、谋发展，总结提出"晋江经验"，推动县域经济和民营经济持续健康发展。始终坚持问题导向，既发现问题、筛选问题，又研究问题、解决问题，体现了共产党人推动事业发展的科学方法。

把走好群众路线作为"四下基层"重要支撑，推动干部作风持续转变。人民群众是基层社会治理的"源头活水"，只有最大限度调动广大人民群众的积极性、主动性、创造性，才能形成基层社会治理的强大合力。在宁德工作时，习近平同志总是带着深厚感情走到群众中去，倾听群众呼声，推动地委、行署制定"书记约访日"和"专员接待日"制度，主动把接访工作做到群众中去。在福州工作时，习近平同志强调"十反对十提倡"，其中摆在第一位的就是"坚决反对浮在上面、大力提倡深入实际"。通过深入群众倾听民声、问计于民，从生动鲜活的基层实践中汲取智慧，以身示范推动干部作风持续转变，体现了共产党人求真务实、担当作为的工作作风和工作方法。

"四下基层"彰显强大时代生命力

35年接续传承,35年创新发展,"四下基层"早已跨出福建、走向全国,其所蕴含的马克思主义立场观点方法,随着时代发展和实践创新不断发扬光大,彰显历久弥新的时代价值和强大的时代生命力。

体现深厚的为民情怀。"四下基层"立足于"下",植根于"民",是党的群众路线的实践创新,是群众观点和群众工作的有机统一。习近平同志在福建结交农民朋友,指点发展路子,被群众称为"百姓省长"。为民造福没有休止符,只有连续不断的新起点。党的十八大以来,习近平总书记始终把人民放在心中最高位置,用脚步丈量民情,用行动温暖民心。为打赢脱贫攻坚战,习近平总书记走遍全国14个集中连片特困地区,考察了20多个贫困村,深入贫困家庭访贫问苦,倾听贫困群众意见建议,了解扶贫脱贫需求,极大鼓舞了贫困群众脱贫致富的信心和决心,充分彰显深厚为民情怀和崇高人格风范。不管时代如何变化,我们都要始终坚持人民至上,站稳人民立场,脚踏实地走好新时代党的群众路线,把惠民生的事办实,把暖民心的事办细,把顺民意的事办好。

体现鲜明的实践品格。实践性是马克思主义理论区别于其他理论的显著特征。"四下基层"坚持将问题解决在基层、将矛

如何抓好落实

盾化解在基层、将发展落实在基层，体现鲜明的实践品格。党的十八大以来，习近平总书记以身作则、率先垂范，经常深入基层开展调查研究。基层是国家治理的最末端，也是服务群众的最前沿。传承弘扬"四下基层"优良传统，要紧跟时代步伐，把握时代脉搏，深入基层研究回答实践中遇到的新问题，总结新经验，探索新规律，真正做到在一线察实情、在一线解难题、在一线促发展，不断开创事业发展新局面。

体现强烈的问题导向。中国共产党人干革命、搞建设、抓改革，从来都是为了解决中国的现实问题。坚持问题导向，增强问题意识，敢于正视问题，是"四下基层"的鲜明特征，体现了我们党重要的思想方法和工作方法。党的十八大以来，以习近平同志为核心的党中央聚焦我国发展和我们党执政面临的重大理论和实践问题，把问题作为研究制定政策的起点，把工作的着力点放在最突出的矛盾和问题上，把化解矛盾、破解难题作为打开局面的突破口，推动中国特色社会主义事业不断向前发展。新时代新征程，我们要增强问题意识，聚焦实践遇到的新问题、改革发展稳定存在的深层次问题、人民群众急难愁盼问题、国际变局中的重大问题、党的建设面临的突出问题，不断提出真正解决问题的新理念新思路新办法。

体现系统的科学方法。坚持系统观念，强化系统思维，是习近平同志在福建工作期间一以贯之的重要方法。"四下基层"着眼于宣传发动群众与解决群众诉求相结合、问需于民与科学决策相结合、基层治理与作风转变相结合,集中体现了唯物辩证法关于坚持用普遍联系的、全面系统的、发展变化的观点观察事物、把握事物发展规律的要求。党的十八大以来,面对复杂严峻的国际环境和艰巨繁重的国内改革发展稳定任务,以习近平同志为核心的党中央始终坚持系统观念,统筹改革发展稳定、内政外交国防、治党治国治军等各方面工作,团结带领全国各族人民迎难而上、砥砺前行,引领中华民族伟大复兴的巨轮沿着正确航向破浪前行。新时代新征程,我们必须坚持系统观念,坚持对上负责与对下负责相统一、让党中央放心与让人民群众满意相统一、为了群众与依靠群众相统一,掌握科学思维方法和工作方法,不断增强推动高质量发展的科学性、预见性、主动性、创造性。

体现实干的担当精神。"四下基层"展现了共产党人实干兴邦、为民造福的强烈担当。党的十八大以来,面对世所罕见、史所罕见的重大风险挑战,以习近平同志为核心的党中央以伟大的历史主动精神、巨大的政治勇气、强烈的责任担当,团结带领亿万人民迎难而上,沉着应对,不信邪、不怕压、不避难,完成脱贫攻坚、全面建成小康社会的历史任务,实现第一个百年奋斗目标,迈上了以中国式现代化全面推进强国建设、民族复兴伟业的新征程,实现中华民族伟大复兴进入了不可逆转的历史进程。担当是一种精神、一种境界、一种情怀。一切难题,只有在实干担当中才能破解。广大党员干部要走出机关,下到

■ **如何抓好落实**

基层，深入矛盾最突出的现场去破解难题、推动发展、回应期盼，把为基层解难题、为群众办实事与个人成长进步有机统一起来，在推进强国建设、民族复兴的伟大实践中创造经得起历史和人民检验的业绩。

（福建省习近平新时代中国特色社会主义思想研究中心）

（执笔：黄茂兴、林在明、雷晶晶）

（《人民日报》2023年12月27日第9版）

第三篇
求真务实抓落实

从调查研究中来　到真抓实干中去

习近平总书记强调,大兴调查研究之风,大力弘扬求真务实、真抓实干的作风,真正做出经得起历史和人民检验的实绩。调查研究,是我们党的"传家宝",也是做好各项工作的基本功。从毛泽东的"没有调查,就没有发言权"到邓小平的"只有调查研究,你心中才有数",再到习近平总书记的"调查研究是谋事之基、成事之道"。一百多年来,我们党始终重视和坚持调查研究,注重在调查研究中提高工作本领,形成了科学的调研理论和工作方法。实践证明,调查研究这项基本功,不仅是推动改革发展稳定各项事业的"先手棋",更是攻坚克难、防范化解各种风险的"金钥匙"。

实践的观点是马克思主义哲学的核心观点,深入细致的调查研究是科学决策的前提和基础,正确的贯彻落实也离不开调

■ 如何抓好落实

查研究。做好调查研究，要把现实情况和群众需要结合起来，把党的二十大的重大战略部署和本地区本部门本单位的实际结合起来，掌握正确的方法原则，瞄准问题、找出症结、拿出实招，不断提高调查研究的成效和水平。

坚持实事求是。实事求是是调查研究的"基石"，任何脱离实事求是的调查研究都是"空中楼阁"。"不唯书、不唯上、只唯实"是搞好调查研究的根本原则。结论必须产生在充分调研以后，建立在科学论证的基础上。客观实际情况是调研的"源头活水"，离开实际情况去判断形势、指导工作、制定方针政策，容易犯机会主义和盲动主义的错误。坚决摒弃作秀式调研、盆景式调研、蜻蜓点水式调研，真正将调查研究研在深处、落在实处。唯有对真实情况了然于胸，才能心中有"法"，工作有"方"。

贯彻群众路线。高手在民间。要拜人民为师，甘当小学生。调研前，广泛倾听群众呼声，了解民情，体察群众疾苦，确定调研方向。调研中，深度参与群众生活，摸清问题的来龙去脉，放下架子、扑下身子，向群众学习，从人民群众的实践中汲取智慧，找到解决问题的"通关密码"。调研后，认真研究分析，将感性认识上升为理性认识，将调研成果转化为决策部署，拿出"实招""硬招"，调研成效交由人民群众来检验和评判。

讲究方式方法。多层次、多方位、多渠道地调查了解情况，下真功夫，练真本事。"当县委书记一定要跑遍所有的村，当地

（市）委书记一定要跑遍所有的乡镇，当省委书记一定要跑遍所有的县市区"。党员领导干部只有躬身实践，亲身体验，深入基层，心入群众，脚下沾有泥土，心中方能沉淀真情。一方面系统总结和灵活运用我们党在一百多年奋斗历程中掌握和积累的大量调研方法，如寻找调查典型，开调查会，深入解剖麻雀，做系统的由历史到现状的调查研究，"交换、比较、反复"的方法等；另一方面，调研方法也要与时俱进、守正创新，科学运用互联网、大数据等现代调研方式，拓展调研渠道，丰富调研形式，创新调研方式，提高调研的实效性和科学性，真正发挥调查研究的作用。

强化问题意识。问题是时代的声音，调研要回应时代关切和人民呼声。有针对性地预设调研问题，加强前瞻性、全局性、系统性地调查谋划，明晰调查纲目。又能根据实际情况的变化，生成新的调研思路和方案。预设与生成相结合，"规定路线"与"自选动作"相补充。"明者因时而变，知者随事而制。"在现象与本质、主流与支流、特殊与普遍中科学把握形势的变化，见微知著、审时度势，敏于发现问题、敢于正视问题、善于解决问题，对问题不掩盖、不回避、不推脱，直面现实，以解决问题为要。让人民满意，让调研有效。

注重结果导向。调查研究就是为了解决问题，回应人民群众"急难愁盼"的现实关切。"要讲真理，不讲面子"。调研者的躬身实践可以求得真知，拜群众为师可以觅得良方。注重调

■ 如何抓好落实

研实效,不以规模大小、时间长短、报告水平为评价尺度,关键看调研结果能否转化为解决问题的具体措施,能否解决群众的操心事、烦心事,能否服务于领导决策,推动工作落实,最终实现调研—决策—落实全过程的统一。调查研究以问题展开、以结果落地,最终制定出符合实际、有效有用、有操作性的工作方案,使调研成果不仅能够惠及最广大人民群众、得到人民认可,还能经得起实践的检验。

通过调查研究,准确、全面、深透地了解情况之后,应把重点放在落实调研成果、解决实际问题上,防止调查研究表面化、一般化。提升调研成效,将调研成果转化为推动落实的具体举措、解决问题的具体行动,真抓实干,马上就办,办就办好,让人民群众收获实实在在的获得感、幸福感、安全感。

谋事要实。"天下大事、必做于细。"从实际出发调研,从细节着手落实。用务实的作风,脚踏实地、埋头苦干,把功夫下深、下实,把每一项工作做精、做细,既做"功在当代"的显绩,更做"利在千秋"的潜绩。躬身实干,心往一处想,劲往一处使,形成推进落实工作的强大合力。

出招要实。为群众办事,要针对"痛点",有的放矢。通过调查研究找准"切入点",抓住"关键点",以人民群众的幸福感和满意度为"落脚点",面对困难不敷衍、不推诿、不拖延,以钉钉子的精神出实招、下实功,把办不成的事办成,办不好的事办好。

成效要实。干得怎样，要用事实说话、用成果说明、用实绩检验。始终保持赶考的心态，想在前头、干在实处、落在细处，少一些"我觉得"、多一些"群众觉得"，真正把好事做实，把实事做好，满足群众的所思所盼所求所愿，真正干在群众的心坎里。通过真抓实干解民忧、纾民困、暖民心，在落实中让群众得实惠，从而让调查研究取得人民满意的实效。

（王慧）

（《学习时报》2023年4月10日第2版）

■ 如何抓好落实

增强抓落实的本领和韧劲

重视实践，讲求实干，是马克思主义政党的鲜明底色。我们党高度重视抓落实。2020年，在中央党校（国家行政学院）秋季学期中青年干部培训班开班式上，习近平总书记发表重要讲话强调，干部特别是年轻干部要提高包括抓落实能力在内的"七种能力"。真抓落实，抓好落实，是干部的分内之责。

抓落实要有强烈的守土有责意识。何谓领导干部？在《之江新语》中，习近平同志讲过一个故事，清代守钱塘大堤的塘官，当时是四品官，与知府享受一样的待遇，待遇很高；但有一条，就是不能决堤，如果决了堤，不等皇帝来找他算账，他就跳塘自尽了。这个故事意在强调，当年的封建官吏尚且如此，现在作为共产党的领导干部，更应有强烈的责任感，明白责任，敢于负责，真正做到守土有责。做好党中央决策的贯彻落实，就是领导干部应守的责任之一。各级领导干部抓好落实，跑好接力棒，我们的事业就能充满生机；反之，如果领导干部不真抓落实，抱佛系心态，持躺平姿势，再好的蓝图也只能是空中楼阁。比如，2023年底召开的中央经济工作会议对经济形势做了科学判断，我国经济回升向好、长期向好的基本趋势没有改变。但近年来，周遭的形势变化具有不确定性，外部压力和内部困难并存，这就是我们领导干部开展经济工作的客观实际。领导干部怎样做好中央经济工作会议精神的贯彻落实？物质变精神，精神变物质，是日常生活中常见的飞跃现象，其基础是社会实践。必须从外部压力和内部困难并存这一客观实际出发，保持奋发有为的精神状态，雷厉风行，抓住一切有利时机、利用一切有利条件，看准了就抓紧干、能多干就多干一些。

抓落实要善于务虚。习近平同志曾经生动地提醒地方干部，"如果中央的大政方针你没有认真贯彻执行，对省委的决策决议你心不在焉，然后说我忙了很多东西，这叫作'哪壶不开提哪壶'，甚至是南辕北辙"。抓落实是务实，但务实首先要善于务虚。老百姓讲得十分形象，"既要会埋头干活，还要会抬头看路"。看"路"，最重要的莫过于弄明白两点，一看到哪去也就是方向，二看怎么走也就是方法。怎么看清楚这两点？习近平同志在《之江新语》中指出，"在某项工作实际开展之前，先从理论上、思想上、政治上、政策上进行学习、思考、研究、讨论"。有了这样一番务虚，中央的决策意图明白了，相关政策把握准了，思

■ 如何抓好落实

想认识统一了,这就能帮助我们看清楚方向、想明白方法,抓落实才能抓到点子上、抓出成效。

抓落实要善于从大处着眼,小处着手。"只见树木,不见森林""铁路警察,各管一段",点出了片面、孤立认识问题、处理问题的毛病,这种毛病对实际工作造成的危害不小。每个地区和部门,都是整体的一个组成部分,制定如何落实的工作目标时,要从大处着眼。一是站在全局的角度定位工作。学习曹冲称象,把本地区、本部门的工作这头"象",置于全局这条"大船"上来谋划。二是站在联系的角度谋划工作。事物是普遍联系的,比如,一个行业管理政策的出台,可能会产生很强的"蝴蝶效应",对经济工作全局产生影响。所以,为推动一项工作制定政策时一定要审慎,跳出部门视角,多考虑在政策实施上怎么强化协同联动,才能形成不同政策的组合效应。工作目标确立后,在具体执行中,要从小处着手,学习庖丁解牛,从具体现象中把握客观规律,以有效抓手之"无厚",入关键环节之"有间",在一个个具体环节上取得突破,积小胜为大胜,有条不紊地推进工作。

抓落实要善于创造性执行。不折不扣执行,这是中央的明确要求,侧重的是原则、目标、精神;创造性执行,也是中央的明确要求,突出的是方式、措施、路径。可以讲,不折不扣执行与创造性执行不仅不矛盾,而且是有机统一的,是战略与战术的统一,原则性与灵活性的统一。创造性执行的对立面,是机械执行、盲目执行和变形走样执行等多种情况。"上下一般粗""一刀切"式的机械执行，客观效果往往不好，由此造成群众极大反感甚至引发舆情的情况并不鲜见。盲目执行的背后，主体可能有做事的冲天干劲，但因为不得法，结果也不能避免被动。毛泽东在《论持久战》中就讲到，有了能动性并不等于就有主动性，并不见得就能够争取主动。至于"打折扣""层层加码"的变形走样执行，更是对事业有害，对群众无利。这几种情况产生的原因，分析一下，要么是主观上有避事逃责之嫌，要么是客观上有本领短板之忧。解决起来，必须"因地制宜、因时制宜，紧密结合各自实际，开动脑筋、主动作为、大胆作为"，只有这样创造性开展工作，才能让党中央决策部署真正落地见效。

抓落实要避免陷入事务主义。工作千头万绪，要抓好落实，事务肯定多，但不能陷入事务主义；忙是必然的，但不能乱。防止事务主义，要做到忙而不乱，一要分清楚主次，抓住影响工作的主要矛盾。俗话说，"将军赶路，不追小兔"。可以想见，将军征战途中瞥见"小兔"就追，结果很可能贻误战机，并进而导致军事失败。领导干部工作抓落实也是这个道理，分析清楚当下的主要矛盾，谋划用好牵引性、撬动性强的工作抓手，集中精力和"兵力"去解决主要矛盾，"牛鼻子"牵住了，基本盘就稳住了。二要统筹兼顾。主要矛盾抓住了，次要矛盾也不能完全放任不管，"十个手指头弹钢琴"是个好办法。当然，在

■ 如何抓好落实

主要矛盾和次要矛盾处理的时间先后顺序上、投入的程度多少上，要有所区别，但也尽可能兼顾，既有组织实施之能，更有统筹兼顾之谋。

（孙晓莉）

（《学习时报》2024年3月4日第5版）

> 观 点

求真务实　狠抓落实

"各级党组织要教育引导党员、干部落实'重实践'要求，坚持学思用贯通、知信行统一，匡正干的导向，增强干的动力，形成干的合力，在以学促干上取得实实在在的成效。"习近平总书记近日在江苏考察时围绕"以学促干"提出明确要求，强调"形成狠抓落实的好局面"。

抓落实是推进工作的根本途径。正确的战略需要正确的战术来落实和执行，落实才能出成绩，执行才能见成效。我们所取得的每一项成绩，都是狠抓落实的结果；所存在的不足，往往也是抓而不实的后果。

抓落实要发扬钉钉子精神，一个问题一个问题解决。浙江"千万工程"的可贵之处正是直面矛盾、顽疾，实字当头、久久为功。向污染"开刀"，彻底整治"黑臭河""牛奶河"；拆除违

■ 如何抓好落实

章建筑，打通"断头路"，改善人居环境……群众身边的一个个痛点、堵点得到解决，幸福感大大提升。"做人要实，干工作更要务实。"全国优秀组织工作干部朱治国把这句话写在笔记中，也写在了青海的山山水水之间，他走遍青海362个乡镇，上高原、进牧区、走村舍，为干部群众解决实际问题，赢得交口称赞……党员、干部只要敢于担当、肯下实功夫，将问题一件一件解决，一年接着一年干，就能干出经得起检验的业绩。

抓落实不仅是一种工作作风，更是一种重要的工作能力和素质。毛泽东同志说，"抓而不紧，等于不抓"。党员、干部提高抓落实的能力，就要不断增强真抓、敢抓、善抓的"硬本领""真功夫"。要以主题教育为契机，主动检视自己抓落实方面存在的能力短板和认识误区。调查研究是基本功，也是这次主题教育的重要内容。没有调查研究，就没有科学决策，就不可能因地制宜让党中央决策部署落地见效。主题教育中，党员、干部要严格对标对表党中央精神和决策部署，聚焦影响和制约高质量发展的突出问题、改革发展稳定面临的深层次问题、群众反映强烈的急难愁盼问题，沉下去、蹲到底，把情况摸清、把问题找准、把对策提实。同时要抓实调研成果转化，建好清单，拿出实招，推动解决一批真问题。

形式主义、官僚主义是抓落实的大敌。理论学习装样子、走过场，调查研究走马观花、蜻蜓点水，遇到问题推三阻四，落实工作浮皮潦草……这些形式主义、官僚主义做法是开展工作、落实部署的"中梗阻",往往导致工作浮在空中、停在纸上,难以落地,更别说解决问题。开展主题教育,就是要让党员、干部以勇于自我革命的精神向形式主义、官僚主义顽瘴痼疾"开刀",树立实的导向,涵养实的作风,在学习上见真章,在工作中求实效。

空谈误国,实干兴邦。中华民族伟大复兴绝不是轻轻松松、敲锣打鼓就能实现的,唯有求真务实解决问题,脚踏实地狠抓落实,才能接续谱写新的历史篇章。

(孟祥夫)

(《人民日报》2023年7月18日第19版)

■ 如何抓好落实

学思践悟抓落实

"要巩固拓展主题教育成果,抓好意见落实,形成长效机制。"习近平总书记在主持中央政治局会议审议主题教育总结报告和关于巩固拓展主题教育成果的意见时发表重要讲话,要求各级党委(党组)要把巩固拓展主题教育成果作为重大政治任务,扛起主体责任,不折不扣抓好落实。

习近平新时代中国特色社会主义思想是一个不断展开的、开放式的思想体系,需要常学常新、常悟常进。全面建设社会主义现代化国家开局起步的关键时期,继续推进中国式现代化这一前无古人的开创性事业,必然会遇到各种可以预料和难以预料的风险挑战、艰难险阻甚至惊涛骇浪,尤其需要把建立健全以学铸魂、以学增智、以学正风、以学促干的长效机制,作为新时代党的建设新的伟大工程一项经常性工作来抓,引导党员、干部把"学思想"作为终身必修课,在深化内化转化上下更大功夫,悟规律、明方向、学方法、增智慧,以科学理论指引前进方向。

坚持人民至上,把以人民为中心的发展思想贯穿到经济社会发展的各领域全过程。主题教育中,党员、干部扑下身子当好"施工队长",勤干破难题、促发展的实事,多办惠民生、解民忧的好事,让主题教育充满了浓浓实干味。巩固拓展主题教育成果,要继续落实"四下基层",坚持和发展新时代"枫桥经验",走好新时代群众路线,到群众中去练就服务群众的赤子心、担当作为的宽肩膀、攻坚克难的真本事,把老百姓的事一件一件办好。

坚持问题导向,持续推动解决问题,让人民群众切实感受到解决问题的实际成效。一次主题教育不可能解决所有问题,已经解决的问题也不可能一劳永逸,这就要求党员、干部不断提高运用党的创新理论研究新情况、解决新问题的能力和本领,在各项工作中理顺破与立的关系、把握改与治的要求、做到当下与长久的统一,持续抓好整改整治、建章立制,问题不解决不松劲、解决不彻底不放手,锲而不舍推动问题改到底、见实效,取信于民。

坚持系统观念和战略思维,树立和践行正确政绩观,找准定位、狠抓落实。对党员、干部来说,把"学思想"融入日常、抓在经常,就是在对习近平新时代中国特色社会主义思想学深

■ 如何抓好落实

悟透、融会贯通的基础上善思善用，紧密结合各自实际创造性开展工作，敢做善为。要树立"一盘棋"思想，遵循客观规律，找准自身在大局中的战略定位，一切工作以贯彻落实党中央决策部署为前提，保持平常心和自信心，以钉钉子精神咬定目标不放松，敢闯敢干加实干。

坚持求真务实，开展工作突出一个"实"字。主题教育中，各级党组织正作风、治歪风、树新风，将整治形式主义为基层减负作为重要内容，打出了激励干部真抓实干、担当作为的"组合拳"。各级领导班子和领导干部要持续整治形式主义为基层减负，推动解决"小马拉大车"等问题，让基层干部把主要精力用在办实事上；同时，建立健全干部担当作为的激励和保护机制，大力推进干部能上能下，认真落实"三个区分开来"，着力解决干部乱作为、不作为、不敢为、不善为的问题，切实为担当者担当、为负责者负责、为干事者撑腰。

习近平新时代中国特色社会主义思想是一座理论宝库，是一本读不完的书。新征程上，广大党员、干部坚持不懈从党的创新理论中汲取奋发进取的智慧和力量，熟练掌握其中蕴含的领导方法、思想方法、工作方法，凝心聚力促发展，驰而不息抓落实，定能一步一个脚印把前无古人的开创性事业推向前进。

（赵成）

（《人民日报》2024年2月27日第19版）

求真务实抓落实

越是任务艰巨、挑战严峻，越要有实事求是、求真务实的工作作风，务实功、出实招、求实效，抓铁有痕、踏石留印抓好落实。习近平总书记对抓落实提出了明确要求，强调"要求真务实抓落实""坚决纠治形式主义、官僚主义"。

今年全国两会上，习近平总书记发表重要讲话，振奋人心、催人奋进。代表委员表示，奋进新征程，从习近平新时代中国特色社会主义思想中汲取奋发进取的智慧和力量，凝心聚力促发展，求真务实抓落实，我们一定能够不断创造经得起历史和人民检验的实绩，以高质量发展的实际行动和成效，推动中国式现代化建设不断取得新进展新突破。

■ 如何抓好落实

以党的创新理论为指导

科学的世界观和方法论是研究问题、解决问题的"总钥匙"。代表委员表示，要从习近平新时代中国特色社会主义思想中汲取奋发进取的智慧和力量，把握事物本质、把握发展规律、把握工作关键、把握政策尺度，把习近平总书记重要讲话精神落到实处。

"习近平新时代中国特色社会主义思想是当代中国马克思主义、二十一世纪马克思主义。"江西省赣州市人大常委会副主任、瑞金市委书记尹忠代表说，为学之实，固在践履，要把习近平新时代中国特色社会主义思想的世界观、方法论和贯穿其中的立场观点方法转化为自己的思想武器，内化于心、外化于行，不断开创事业发展新局面。"接下来，我们将以钉钉子精神抓落实，推动瑞金市城区道路畅通工程等民生项目建设，通过完善集群产业链、深入实施产业链链长制等措施，加快形成新质生产力。"尹忠代表说。

中国浦东干部学院分管日常工作的副院长曹文泽委员说："当前，我们面临的发展机遇和风险挑战都前所未有。要牢牢掌握党的创新理论这一观察时势、把握规律、引领时代的强大理论武器，坚持好运用好习近平新时代中国特色社会主义思想的世界观、方法论和贯穿其中的立场观点方法，紧密结合新的形势任务与日新月异的实践发展,做到在大局大势中明辨方向、找准关键、科学决策、真抓实干,解决问题、推动工作。"

"习近平总书记指出,要牢牢把握高质量发展这个首要任务,因地制宜发展新质生产力。这为我们今后的发展指明了方向。"河北省邢台市委副书记、市长宋华英代表表示,邢台坚持围绕"让老树开新花",用新技术改造提升传统产业,通过科技引领、数字改造等12条路径,推动省级重点产业集群加速迈向高端化、智能化、绿色化。围绕"让新苗成大树",积极融入京津冀新能源和智能网联汽车产业链,推动新能源汽车做大做强;加快新兴产业延链补链升链建链,力促引进一个项目、形成一个产业。围绕"种好梧桐树",打造高效便捷的政务环境、规范有序的市场环境、精准顺畅的要素环境、可预期的法治环境、"有形"更"有价"的信用环境。

形势在不断发展,任务也在不断发展。代表委员表示,坚持求真务实抓落实,需要结合各自具体实际开拓创新,寻求有效解决新矛盾新问题的思路和办法,努力创造可复制、可推广的新鲜经验。

"金融强国建设中,有不少理论和技术难题需要突破。作为研究人员,我会迎难而上、开拓创新。"南开大学金融学院院长范小云委员表示,将牢牢把握高质量发展首要任务和因地制宜加快发展新质生产力的重要要求,持续深入研究,寻求有效解决新问题的思路办法,努力探索发现可复制、可推广的经验做

■ 如何抓好落实

法，用自身专长为强国建设、民族复兴伟业贡献力量。

坚持一切从实际出发

坚持一切从实际出发，是我们想问题、作决策、办事情的出发点和落脚点，也是求真务实抓落实的必然要求。代表委员表示，要坚持从实际出发、实事求是，准确把握习近平总书记重要讲话精神，细化落实举措。

"习近平总书记参加江苏代表团审议时指出，因地制宜发展新质生产力。这为我们深化转型发展提供了行动指南。"江苏省徐州市委副书记、市长王剑锋代表说，作为制造业强市、老工业基地资源型城市，因地制宜发展新质生产力，对徐州具有重要意义。"我们将实施加快培育发展未来产业三年行动方案，一体推进基础研究、技术创新和产业发展，布局发展氢能与新型储能、深地空间利用等成长型未来产业，超前规划建设算力设施，打造未来产业先导区。"王剑锋代表说。

从实际出发，着力打通束缚新质生产力发展的堵点卡点，需要深化科技体制、教育体制、人才体制等改革。"在教育、科技和人才机制建设上持续发力，通过深化改革，形成各主体各方面各环节有机互动、协同高效的现代化创新体系，为加快发展新质生产力贡献教育力量。"西南大学副校长赵玉芳代表说，将结合高等教育综合改革，积极对接国家重大战略需求和产业发展需要，优化材料和生物、人工智能等专业布局，加强生物育种、新材料、类脑研究等领域有组织科研，在完善拔尖创新人才发现和培养机制上多下功夫。

"抓好落实，需要紧密结合实际，抓住工作重点。"湖南省农业农村厅副厅长兰定国委员表示，我国粮食产量再创历史新高，但粮食供求紧平衡格局没有发生根本性改变。要紧紧抓住耕地和种子这两个"要害"，一方面健全补充耕地质量验收制度，强化刚性约束，把高标准农田建设作为提升耕地质量的重要抓手；另一方面加大农业科研投入，加快农业种业科技攻关，提升农业机械化、智能化水平，推动粮食和重要农产品生产能力迈上新台阶。

坚持从实际出发，前提是深入实际、了解实际。代表委员表示，将深入调查研究，深入了解实际，使抓落实的举措符合实际情况、符合客观规律、符合科学精神。

广东省阳江市农业科学研究所所长黄显良委员经常出现在田间地头，推广良种和先进农业技术，同时开展调查研究，摸排农技推广的堵点短板。"调研发现，一些地方的农技培训重理论、轻实践，不利于满足农民个性化技术需求。把室内讲变成田间讲，让农民在实地选品种、看技术，效果会更好。"他说，要通过开放灵活的培育模式，加强对农民特别是返乡创业农民的培训，加速培育一批爱农业、有文化、懂技术、善经营、会管理的现代农业人才队伍。

■ 如何抓好落实

坚决纠治形式主义、官僚主义

形式主义、官僚主义是党和国家事业发展的大敌，是阻碍党的路线方针政策和党中央重大决策部署贯彻落实的大敌。近年来，各地各部门把解决形式主义、官僚主义突出问题，为基层减负摆在重要位置，精准施策、靶向治疗，打出了组合拳，收到了良好效果。

"会议少了、文件精简了，基层干部有更多时间精力深入群众，工作方向更明确，重点更突出。"贵州省安顺市平坝区白云镇平元村党支部书记肖正强代表说，"今年我提出进一步做好农村污水治理的建议，就是在持续走访群众过程中形成和完善的。"肖正强代表建议，大兴务实之风，深化拓展整治形式主义为基层减负，让基层干部的精力真正花在干实事上，切实打通抓落实"最后一公里"。

"谋划推进工作，必须坚持全心全意为人民服务。"河南省人大常委会秘书长吉炳伟代表说，要履行好各级人大及其常委会的职责使命，践行全过程人民民主，搭建好人民当家作主的制度平台，通过各种方式和渠道，保障人民参与国家事务。河南省人大常委会在全省深入推进全过程人民民主基层示范点建设，打造立法普法、监督议事、服务群众、创新基层治理的重要阵地，并将在市县乡推广民生实事项目人大代表票决制。"把践行全过程人民民主落到实处,不断增强人民群众的获得感和主人翁意识,确保在发展中稳步提升民生保障水平,激励广大群众依靠自己的双手创造幸福生活。"吉炳伟代表说。

看准了就要抓紧干。全国两会期间,代表委员不断凝聚共识、汇聚力量。大家表示,落实习近平总书记重要讲话精神要勇作为、见行动,对当务之急立说立行、紧抓快办,对长期任务滴水穿石、久久为功。

山西国际能源集团水务公司首席工程师李丽丽代表说:"习近平总书记看望民革、科技界、环境资源界委员并参加联组会时,对推动经济社会发展绿色化、低碳化,加强资源节约集约循环利用提出明确要求。我们使命在肩,必须起而行之,为实现'双碳'目标作出应有贡献。"推动污水处理行业绿色低碳发展,是李丽丽代表长期关注的话题。她带领团队,攻克技术难题,提升再生水供应水平,并与新能源发电企业深度合作,将污泥变废为宝,用于绿色发电。"我们会持之以恒创新,为推动高质量发展、推进中国式现代化注入绿色动能。"李丽丽代表说。

王艾竹代表是辽宁抚顺特殊钢股份有限公司技术中心高温二室科研员、高级工程师,近年来主持和参与多项科研课题,累计完成特殊钢新品研发11项。"我们一定立足岗位实际,以重大专项为抓手,对关键核心技术进行攻关。以信息化、数字化推动传统装备制造业升级改造,围绕满足高技术含量、高附

■ **如何抓好落实**

加值的新材料生产需要,让企业向高端化、智能化转型,为打好关键核心技术攻坚战作出更大贡献。"王艾竹代表说。

(人民日报记者沈童睿、杨昊、常钦、刘博通,江琳、尹晓宇、金歆、李卓尔、李林蔚、马睿姗参与采写)

(《人民日报》2024年3月11日第8版)

第四篇

敢作善为抓落实

■ 如何抓好落实

敢作善为抓落实

2024年是实现"十四五"规划目标任务的关键一年。新征程上推进高质量发展,需要高质量落实党中央对经济工作的重大决策部署。去年底召开的中央经济工作会议从四个方面对抓落实给出行动指南,其中一个重要方面就是"要敢作善为抓落实"。

大道至简,实干为要。回望改革开放历程,一项成功的改革之所以能够给党和国家发展注入新的活力、给事业前进增添强大动力,很重要的原因就是广大干部群众敢作善为抓落实。正是凭着一往无前的实干,靠着生气勃勃的实践,我们在艰难险阻中找到正确的路,取得了举世瞩目的辉煌业绩。这就是我们党一再强调"一个行动胜过一打纲领""不干,半点马克思主义都没有"的原因所在。

第四篇
敢作善为抓落实

事业成败关键在人。高质量落实，靠的是千千万万勇于担当、本领高强的好干部。习近平总书记指出："干事是非常重要的。干部除了忠诚、干净，还要干事。"抓落实，不能夸夸其谈、陷于"客里空"，而要当实干家，紧扣党中央重大决策部署，真抓实干、埋头苦干、善作善成，努力创造经得起历史、实践和人民检验的业绩。这要求领导干部在抓落实过程中，既要有胆量、勇气，又要有才识、谋略；既要有锐气、闯劲，又要有定力、智慧；既要有速度、效率，又要有质量、成效。要把握好胆与识、勇与谋、时与效等关系，按客观规律办事，高质量地抓好落实。

落实是一种责任和能力，需要有敢作敢为的担当。"为官避事平生耻"，在其位谋其政、履其责。领导干部就要有干事的魄力，有敢吃"螃蟹"、敢于斗争、敢于拍板、敢于扛事的担当。要敢于创造性抓落实，坚持实事求是、因地制宜。各地情况千差万别，对上级精神照搬照转、"上下一般粗"，看似是贯彻落实，实则是形式主义、官僚主义的表现。在决策上碰到疑难问题时，要认真梳理各方意见，分析利弊得失，只要符合党中央决策意图、符合大政方针、符合基层实际、符合群众利益，就要大胆闯、大胆试、坚决干，奔着问题去、迎着难题上，敢于果断大胆决策。

抓落实要抓出成效，还要有善作善为的方法。领导干部要善于运用科学思维谋划发展，充分发挥主观能动性，进行深入

如何抓好落实

细致的思考，拿出有针对性的方案。改革发展事业不可能一蹴而就，头绪多了，就要学会理清工作思路、分清轻重缓急，通盘考虑各方面情况和进展，统筹兼顾、科学安排、综合施策，把握好工作推进的速度、力度和进度。在把情况搞清楚的基础上，突出重点、带动全局。有的时候要抓大放小、以大兼小，有的时候又要以小带大、小中见大，着力攻破难点、疏通堵点、消除痛点。还要看到，个人的力量是有限的，要学会拜群众为师，充分激发蕴藏在人民群众中的创造伟力，在总结群众经验、汇聚群众智慧中获得新认识、推动新发展。

各级领导干部敢作善为抓落实，离不开良好的环境和氛围。随着现代社会发展，我们面临的不确定性和风险挑战增加，有的矛盾没有现成的办法可以轻松解决，需要不断摸索，甚至经历挫折和失败才能开辟出新天地。只有在全社会积极营造鼓励探索、包容创新的良好氛围，既重视成功，又宽容失败，为实干的人鼓足劲，为试错的人卸包袱，才能激发更多的人放开步子、敢想敢试。要坚持正确用人导向，落实细化"三个区分开来"，为担当者担当，为负责者负责，为干事者撑腰，让各级领导干部轻装上阵干事创业，充分发挥抓落实的积极性主动性创造性。

（肖凌之）

（《人民日报》2024年1月23日第9版）

> 理 论

新征程上更好推动和激励干部新担当新作为

  党的干部是党和国家事业的中坚力量。干部敢于担当作为，既是政治品格，也是从政本分。新征程上，加强对干部的正向激励，充分调动广大干部干事创业积极性主动性创造性，加强对干部全方位管理和经常性监督，防止和纠正干部不作为乱作为，是建设堪当民族复兴重任的高素质干部队伍的重大课题，是全面建设社会主义现代化国家、全面推进中华民族伟大复兴的重要保证。

■ 如何抓好落实

思想引领：习近平总书记关于激励干部担当作为的重要论述为干部实干担当、拼搏奋斗指明了前进方向、提供了根本遵循

思想是行动的先导。党的十八大以来，习近平总书记高度重视调动和激发干部干事创业积极性主动性创造性，作出一系列重要论述，为干部实干担当、拼搏奋斗指明了前进方向、提供了根本遵循。关于筑牢干部担当作为的思想根基，习近平总书记指出："干部干事创业要树立正确政绩观，有功成不必在我的精神境界、功成必定有我的历史担当""干事担事，是干部的职责所在，也是价值所在"。针对干部担当作为的时代要求，习近平总书记指出："为了党和人民事业，我们的干部要敢想、敢做、敢当，做我们时代的劲草、真金""党员、干部特别是领导干部要以居安思危的政治清醒、坚如磐石的战略定力、勇于斗争的奋进姿态，敢于闯关夺隘、攻城拔寨"。对于激励干部担当作为的方法路径，习近平总书记围绕"要多选一些在重大斗争中经过磨砺的干部""树立重实干、重实绩的用人导向"等进行了深刻阐释。关于提升干部素质能力，习近平总书记指出："领导干部不仅要有担当的宽肩膀，还得有成事的真本领""各级领导干部要加快知识更新、加强实践锻炼，使专业素养和工作能力跟上时代节拍，避免少知而迷、无知而乱，努力成为做好工

作的行家里手"。

习近平总书记关于激励干部担当作为的重要论述，以高远的战略眼光、清晰的理论脉络、严密的实践逻辑，深刻阐明了干部担当作为与事业发展的内在联系，抓住了新形势下影响干部干事创业积极性主动性创造性的关键因素，明确了激励干部担当作为的方法路径，为新时代新征程更好激励干部敢于担当、善于作为提供了根本遵循。

事业感召：党和国家事业大踏步向前发展为干部担当作为提供了广阔舞台

疾风知劲草，烈火见真金。中心任务、大战大考从来都是广大干部勇担当、善作为的试金石、磨刀石。党的十八大以来，以习近平同志为核心的党中央坚持围绕发展所需、事业所需、岗位所需选派干部投身第一线，把脱贫攻坚、疫情防控、推动高质量发展等作为主战场，推动广大干部撸起袖子加油干、风雨无阻向前行，以发展目标定位干部担当坐标、以发展成效评判干部担当实效。

面对脱贫攻坚、全面建成小康社会的历史任务，数百万扶贫干部倾力奉献、苦干实干，1800多名同志将生命定格在脱贫攻坚征程上，为打赢人类历史上规模最大的脱贫攻坚战作出了重大贡献。面对突如其来的新冠疫情，各级干部临危不惧，困

■ 如何抓好落实

难面前豁得出、关键时刻冲得上，最大限度保护了人民生命安全和身体健康，统筹疫情防控和经济社会发展取得重大积极成果。面对高质量发展艰巨任务，广大干部立足质量和效益推动经济持续健康发展，以钉钉子精神担当尽责，依靠顽强斗争打开事业发展新天地。面对人民日益增长的美好生活需要，广大干部牢固树立以人民为中心的发展思想，不断提升为民服务的本领和水平，人民群众获得感、幸福感、安全感更加充实、更有保障、更可持续。

政策激励：
逐步构建起一套激励干部担当作为的制度政策体系

政策是指南针和风向标，有什么样的政策取向，就有什么样的干事导向。党的十八大以来，围绕贯彻落实习近平总书记关于激励干部担当作为的重要论述和重要指示要求，中共中央办公厅印发《关于进一步激励广大干部新时代新担当新作为的意见》，中央组织部制定进一步激励干部担当作为9条具体措施，各地各部门坚持问题导向、目标导向，及时出台配套制度，综合施策、持续用力，正向激励效应不断显现。

针对少数干部"心态佛系、精神倦怠不想为"的问题，始终坚持把学深悟透习近平新时代中国特色社会主义思想作为首要任务，健全党委（党组）"第一议题"制度，从新时代党的创新理论中汲取智慧、提振信心、增添力量,推动广大党员干部坚定拥护"两个确立"、坚决做到"两个维护"。针对少数干部"瞻前顾后、患得患失不敢为"的问题,落实新时代好干部标准,大力选拔政治过硬、敢于担当、实绩突出、群众公认的优秀干部。此外,还按照"三个区分开来"要求做好容错纠错工作,为担当者担当、为负责者负责、为干事者撑腰。针对少数干部"能力欠缺、本领恐慌不善为"的问题,突出实战实训精准赋能,有侧重有选择地推进干部培训历练,帮助干部弥补知识弱项、能力短板、经验盲区,增强担当作为的硬核本领。针对少数干部"空喊口号、虚张声势假作为"的问题,认真贯彻执行《中国共产党问责条例》《党政领导干部考核工作条例》等一系列党内法规,把干部担当作为情况作为选人用人专项检查的一项重要内容,加大形式主义、官僚主义专项治理力度,坚决纠正"工作落实在口号上,决心停留在嘴巴上"等问题。针对少数干部"急功近利、盲目决策乱作为"的问题,聚焦规范"关键少数"施政行为,党中央印发《中共中央关于加强对"一把手"和领导班子监督的意见》,中共中央办公厅印发《推进领导干部能上能下规定》,健全完善干部考核机制,引导干部特别是领导干部树立和践行正确政绩观。

■ 如何抓好落实

组织担当：
为鼓励干部干事创业提供坚强后盾、解除后顾之忧

干部越为事业担当，组织越要为干部担当。新形势下，推动和激励干部担当作为，最根本的是要扭住以组织担当激励干部担当这个牛鼻子，坚持正向激励主基调，打好思想引领、崇尚实干、精准赋能、撑腰鼓劲、关心关爱、减负增效、监督问责"组合拳"，让愿担当、敢担当、善担当蔚然成风。

持之以恒为干部担当作为注入强大思想动能。要结合当前正在开展的学习贯彻习近平新时代中国特色社会主义思想主题教育，切实加强党的创新理论武装，把习近平新时代中国特色社会主义思想转化为坚定理想、锤炼党性和指导实践、推动工作的强大力量，突出抓好换届后领导班子思想政治建设，在以学铸魂、以学增智、以学正风、以学促干方面取得实实在在的成效。把习近平总书记关于激励干部担当作为的重要论述，作为各级党委（党组）理论学习中心组的必学内容、各级干部日常学习的重要内容，推动广大干部在系统学习中夯实担当作为的思想根基。

进一步树牢有为者有位的鲜明导向。要落实新时代好干部标准，坚持德配其位、才配其位，坚持事业为上、依事择人、人岗相适。在干部使用上，做深做实政治素质考察，注重向那

些身处改革发展主战场、那些经过艰苦吃劲岗位历练、那些长期扎根基层一线的干部倾斜。加强正确政绩观教育，把践行正确政绩观情况作为考核考察的重要内容，深化口碑考察、实绩追溯考察，切实考准考实干部"显绩"和"潜绩"，从思想深处解决好"政绩为谁而树、树什么样的政绩、怎样树好政绩"的问题。按照《推进领导干部能上能下规定》要求，区分问题的性质、程度、危害，精准适用处理措施，以调整不适宜担任现职干部为重点常态化推进干部能上能下。

精准赋能提升干部推动现代化建设的能力。紧扣党的二十大作出的各项重大战略部署，以制定实施新一轮干部教育培训规划和修订《干部教育培训工作条例》为牵引，聚焦现代化建设重点领域精准开展培训，健全"干中学、学中干"能力提升机制，帮助干部及时填知识空白、补素质短板、强能力弱项。强化专业训练和实践锻炼，探索实施专业干部复合培养，对专业能力较强但管理经验不足的干部，可先从中层岗位开始培养，积累领导经验，在他们处于进取心和创造力的黄金期时委以重任，推动其展现最大作为。

突出加强对重点对象的精准激励。区分不同干部群体对激励担当的个性化诉求，精准施策、有的放矢。有的要更加注重在职务（职级）晋升、先进典型选树等方面畅通渠道、加大力度；有的要更加注重防止"大锅饭"；对年轻干部，应更加注重运用综合激励手段，对看准的苗子敢于打破隐性台阶、大胆使用。

■ **如何抓好落实**

以上率下示范担当、带动担当、引领担当。充分发挥中央和国家机关"第一方阵"示范作用，推动各级领导机关大兴调查研究，打通决策部署直抵基层的渠道，避免因任务指标不合理难落实挫伤基层干部工作积极性主动性。在推进重大改革、重点项目、重要任务中，探索建立上级单位下派联络、协同推进、跟踪指导工作机制，推动形成上下联动、齐抓共推的生动局面，防止和纠正任务指标"一下了之"、考核检查"空中作业"。完善并落实"三重一大"决策监督机制，及时发现和纠正政绩观偏差，对查明属实、造成严重后果的，严肃处理、追责问责。

健全权责对等、相互匹配的工作运行机制。进一步厘清不同层级、部门、岗位之间的权责边界，全面推进党建引领基层治理，解决干部因权责不清造成的不敢为、不能为问题。定期对各类审批、考核、评比、创建以及"一票否决"、责任书（状）等事项进行排查清理，建立健全督查检查考核事项审核准入机制，实实在在减轻基层干部负担。

全方位加强对干部的关心保护。进一步明确干部容错纠错、减责免责情形，准确把握政策尺度，优化容错工作程序。着力构建精准科学的问责操作规范体系，准确把握问责的尺度和范围。关注干部身心健康，确保制度执行到位。

（全国党建研究会）

（《人民日报》2023年9月8日第10版）

第四篇
敢作善为抓落实

树立选人用人正确导向

　　正确、合理用人是党的事业兴旺发达的组织保证。干部干事创业是推进党的事业发展的决定性因素。在党的扩大的六届六中全会上毛泽东提出了"干部就是决定的因素"重要论断，揭示了党的干部在推动党的事业发展中所发挥的骨干作用和所具有的决定性意义。党的十八大以来，以习近平同志为核心的党中央反复强调树立选人用人正确导向对于实现中华民族伟大复兴的重要性，高度重视干部干事创业在推进党的事业发展中的决定性作用。

　　干部是否干事，是否全力以赴，能否坚持不懈，与动力有关。干部干事动力来自两个方面，即外在激励与内在激励。物质、名誉等属于外在激励因素，信仰、信念、理想、事业心、责任感、归属感等属于内在激励因素。习近平总书记在2018年全国组织工作会议上指出："对干部最大的激励是正确用人导向，用好一

■ 如何抓好落实

个人能激励一大片。"这阐明了"用人"在激发干部干事动力方面的作用，及其在干部队伍建设中所起到的重要作用。

树立正确的用人导向，把干部用对用好。首先，要坚持新时代好干部标准，把政治标准放在第一位，选拔使用忠诚干净担当的高素质专业化干部。政治标准是硬杠杠，如果这一条不过关，其他也就无从谈起。领导干部"如果政治不合格，能耐再大也不能用"。从腐败案例来看，干部出问题，政治上不过关占很大一部分。其次，要坚持德才兼备、以德为先、五湖四海、任人唯贤，坚持公道正派，广开进贤之路。要加强实践锻炼、专业训练，注重在重大斗争中磨砺干部。最后，要坚持人岗相适，人事相宜的用人原则，根据干部能力优势、专业优势、个性优势、思维优势等各方面优势匹配最适宜的岗位，让合适的人在合适的岗位做合适的事，作出本岗位的最佳业绩，把不合适的人及时调整，有效推动干部能上能下。

违规用人现象复杂，究其原因却是多方面的。一是对权力资源的抢夺。有的干部为了在竞争中胜出，千方百计"围猎""搞定"在用人方面有影响力的干部。有的干部想方设法接"天线"，有的低三下四结交"政治骗子"，有的热衷于"感情联络""感情投资"。若达不到目的便心生抱怨，散播消极情绪，若如愿以偿容易形成不良风气，直接破坏政治生态。二是领导干部违反组织原则和用人规则，搞小山头、小圈子、小团伙，培植私人势力。三是公权私用，把自己领导的地方和单位作为私人领地，把用人权当作私权，违背了公平正义。四是为图自己工作上方便，少数领导干部在熟悉的少数人中选人，保证所用的人听话、"用着顺手"，以求凡事迅速得到共鸣共振，意图领会快、工作效率高、考核分好看。这客观上限制选人用人范围，也压缩了其他人进步的空间，消磨了其他干部干事创业的热情。五是感情用事，意气用事，把自己的个性特点、能力优势、生活习惯、业余偏好等投射到用人上，用人偏离人岗相适原则，造成干部队伍结构上的不合理，形成干部队伍的结构性内耗。六是民主集中制执行力不足，与"充分发扬民主""善于正确集中"的要求差距大，集体讨论决定用人问题时或三缄其口或独断专行，有时甚至直接把违规用人隐藏在民主集中制集体决定的正常程序中，加大了发现难度，提高了整治成本。

我们党对用人制度建设高度重视。出台了一系列党内法规和规范性文件，包括规范用人全过程各环节的相关制度、规则和具体政策，不断提高解决违规用人制度保障。坚持正确选人用人导向，立足党长期执政、国家长治久安、实现民族复兴大局，深刻认识正确、合理用人的重要性及违规用人问题的严重性，及时把那些愿干事、真干事、干成事的干部发现出来、使用起来。要深刻认识自己作为领导干部的政治身份和对党的干部队伍建设承担的政治责任。深刻认识优秀干部在贯彻落实工作中的重要作用，因此，要为选好干部、用好干部主动担当作为，把责任意识贯穿于选人用人的全过程。

如何抓好落实

一是积极探索解决违规用人问题的规律。违规用人有认识上的偏差、有利益的驱动、有制度上的漏洞，有操作上的偏好等，因而解决起来具有长期性、复杂性，不可能一蹴而就，要常抓不懈。二是进一步完善用人制度。解决违规用人问题，制度更带有长远性、根本性。完善的干部选拔任用、监督管理相关规章制度，能够为实现合理用人、避免违规用人提供制度保障，也只有在良好的制度环境中，正确、合理用人才具有确定性、稳定性。三是改进用人方式方法。进一步推进用人公开。公开是公平公正的基础。努力提高识别人才的准确性。准确识人是正确、合理用人，避免违规用人的前提。准确识人要"针对不同层级、不同岗位考察对象，实行差异化考察"，除做好日常考核、分类考核，同时还要加强"专项考核"，及时地近距离地考核领导干部在完成急难险重等专项任务中的真实表现，以多角度、多方位确保正确、准确识人，合理用人，也能够从源头上防止问题干部、带病干部进入组织拟提拔重用干部的大盘子。四是提高民主集中制执行力度。把"集体领导、民主集中、个别酝酿、会议决定"方针执行好，党委（党组）书记要发扬民主、善于集中、敢于担责，班子成员要增强全局意识与责任意识，切实落实《中国共产党问责条例》，使违规用人终身问责能够倒逼用人上集体领导各方责任落实，从而更好地防止违规用人。

（刘炳香、范瑜瑜）

（《学习时报》2023年7月7日第3版）

自觉做勇于担当作为的不懈奋斗者

习近平总书记在 2024 年春季学期中央党校（国家行政学院）中青年干部培训班开班之际作出重要指示，强调年轻干部要自觉做"党的创新理论的笃信笃行者、对党忠诚老实的模范践行者、矢志为民造福的无私奉献者、勇于担当作为的不懈奋斗者、良好政治生态的有力促进者"。这既是对年轻干部的殷殷嘱托，也是对广大党员干部的明确要求。时代呼唤担当，使命引领作为。我们要深学细悟习近平总书记的重要指示，用心领会担当的要义、准确把握担当的重点、努力提升担当的本领，自觉做勇于担当作为的不懈奋斗者。

■ 如何抓好落实

深入学习领会习近平总书记重要论述，切实增强担当作为的使命感责任感紧迫感

习近平总书记始终高度重视干部担当作为问题，党的十八大以来，着眼党和国家事业发展全局，作出一系列重要论述，鲜明回答了"为什么要担当作为、怎样能够担当作为"这一重大时代命题，为党员干部在新时代新征程上奋勇争先、干事创业提供了根本遵循。

深刻认识和把握干部担当作为的重大意义。立足党的初心使命，习近平总书记指出，中国共产党执政的唯一选择就是为人民群众做好事，为人民群众幸福生活拼搏、奉献、服务，这种执着追求100多年来从未改变。立足党的事业发展，习近平总书记强调，新时代的伟大成就是党和人民一道拼出来、干出来、奋斗出来的；唯有始终保持锐意进取、敢为人先、迎难而上的奋斗姿态，积极担当作为、敢于善于斗争，才能胜利推进强国建设、民族复兴的历史伟业。立足干部的职责要求，习近平总书记指出，干部敢于担当作为，这既是政治品格，也是从政本分；干事担事，是干部的职责所在，也是价值所在。这些重要论述阐明了干部担当作为的价值逻辑、历史逻辑、现实逻辑，必须以强烈的历史主动精神，坚定扛起强国建设、民族复兴的历史重任。

深刻认识和把握干部担当作为的基本内涵。习近平总书记

在多个重要场合反复强调并阐释"五个敢于"的重要论断,强调面对大是大非敢于亮剑,时刻绷紧旗帜鲜明讲政治这根弦,在大是大非面前、在政治原则问题上做到头脑特别清醒、立场特别坚定,决不拿党的原则做交易。强调面对矛盾敢于迎难而上,只有豁得出去、敢闯敢干,下定"明知山有虎,偏向虎山行"的决心,真刀真枪干,矛盾和困难才可能得到解决。强调面对危机敢于挺身而出,保持只争朝夕、奋发有为的奋斗姿态和越是艰险越向前的斗争精神。强调面对失误敢于承担责任,强化责任意识,知责于心、担责于身、履责于行,敢于直面问题,不回避矛盾,不掩盖问题。强调面对歪风邪气敢于坚决斗争,有秉公办事、铁面无私的精神,讲原则不讲面子、讲党性不徇私情。这"五个敢于"既是对新时代共产党人担当作为内涵的生动诠释,也是对干部积极干事创业的具体要求,体现了担当作为应有的精神状态,必须自觉落实到履职尽责的实际行动中。

深刻认识和把握干部担当作为存在的突出问题。习近平总书记指出,现在广大党员、干部的能力素质和精神状态是好的,但也要清醒看到,干部队伍中不愿担当、不敢担当、不善担当的问题还比较突出。在不作为方面,有的做"老好人""太平官""墙头草",存在拈轻怕重、敷衍塞责、得过且过等消极现象。在不敢为方面,有的遇到矛盾惊慌失措,遇见斗争直打摆子;有的顾虑"洗碗越多,摔碗越多""为了不出事,宁可不干事"。在不善为方面,有的干事热情很高,但缺乏科学精神、求实态

■ 如何抓好落实

度，结果不仅没有出业绩，反而带来了一堆问题。在乱作为方面，有的重显绩轻潜绩、重面子轻里子，好大喜功、急功近利，热衷于打造领导"可视范围"内的项目工程。对于习近平总书记点出的问题表现，必须本着有则改之、无则加勉的态度，经常对照反思、自警自省，增强愿为、敢为、善为的责任担当。

深刻认识和把握干部担当作为的现实路径。习近平总书记不仅阐明了担当作为"怎么看"，还指明了担当作为要"怎么办"。围绕增强担当作为动力，强调要善于从党的创新理论中汲取踔厉奋发、勇毅前行的精神动力，坚定历史自信、锤炼斗争本领。围绕提高担当作为能力，强调要加快知识更新、加强实践锻炼，使专业素养和工作能力跟上时代节拍。围绕激发担当作为活力，强调要建立健全干部担当作为的激励和保护机制，切实为勇于负责的干部负责、为勇于担当的干部担当、为敢抓敢管的干部撑腰。围绕压实担当作为责任，强调要建立责任追究制度，坚持有权必有责、有责要担当、失责必追究。落实这些重要要求，必须增强靠前担当的意识、练就堪当重任的本领，依靠实干打开事业发展新局面。

紧扣推进中国式现代化生动实践，准确把握干部担当作为的重点要求

近年来，山东坚定落实习近平总书记重要指示要求，锚定

"走在前、开新局",在全国经济发展大局中扛起了经济大省的挑大梁责任。当前,全省上下正聚焦加快现代化强省建设,以建设绿色低碳高质量发展先行区为总抓手,深入实施"三个十大"行动,着力塑造"十个新优势",扎实推进中国式现代化山东实践,迫切需要各级干部展现新担当新作为。

在坚定拥护"两个确立"、坚决做到"两个维护"上展现新担当新作为。牢牢把握坚定拥护"两个确立"、坚决做到"两个维护"这一根本原则,时时处处对标对表,把准推进中国式现代化建设的正确政治方向。不断提高政治判断力,以国家政治安全为大、以人民为重、以坚持和发展中国特色社会主义为本,科学把握形势变化,增强政治敏锐性和政治鉴别力,始终在重大问题和关键环节上头脑特别清醒、眼睛特别明亮。不断提高政治领悟力,深入学习领会习近平新时代中国特色社会主义思想,坚持用以分析形势、推动工作,始终同以习近平同志为核心的党中央保持高度一致。对党中央赋予的重大任务,都自觉从"国之大者"、党之大计的政治高度来领悟、来推进。不断提高政治执行力,坚决维护党中央权威和集中统一领导,切实做到党中央提倡的坚决响应,党中央决定的坚决执行,党中央禁止的坚决不做,自觉把习近平总书记的重要指示要求作为做好工作的根本指针,切实转化为推动现代化建设的实际行动。

在推动高质量发展上展现新担当新作为。切实扛牢高质量

■ **如何抓好落实**

发展这一首要任务，找准定位、积极作为，在中国式现代化建设中勇创新路。坚持完整、准确、全面贯彻新发展理念，将其作为推动高质量发展的科学指引，坚决破除唯GDP的路径依赖，决不走以资源换发展、以污染换发展的老路。坚持因地制宜发展新质生产力，发挥资源禀赋、产业基础、科研条件等方面优势，聚焦推进传统产业升级、新兴产业壮大、未来产业培育，加大探索创新力度，推动高质量发展提质增效。坚持更好统筹发展和安全，牢固树立安全重于泰山的理念，增强"一失万无"的底线思维，把各种风险研判在前，把各项工作抓细抓实，守牢"一排底线"，确保"万无一失"。

在造福人民群众上展现新担当新作为。始终坚守让人民过上幸福生活这一价值追求，扎扎实实为民办事、为民造福，让现代化建设成果更好惠及群众。心里始终装着群众，时刻以百姓心为心，把群众放在心中最高位置，始终同群众站在一起、想在一起、干在一起。积极组织发动群众，坚持从群众中来、到群众中去，既"带着"群众干，又"带动"群众干，做群众愿意跟着跑的"火车头"，形成干事创业的合力。主动解决群众难题，把保障和改善民生作为一切工作的出发点和落脚点，积极顺应群众所思所想，立足本职本能，用心用情解决好急难愁盼问题，在干实事、办好事中让群众看到变化、得到实惠。

在践行正确政绩观上展现新担当新作为。自觉坚持"真干才能真出业绩、出真业绩"这一行动遵循，真抓实干、务求实效,作出实实在在的成绩。坚持稳扎稳打、踏踏实实,突出"稳"的节奏,贯穿"实"的要求,更好掌握章法、把控时效,使每项工作都做到稳中求进、以进促稳、先立后破。坚持实事求是、遵循规律,深刻理解实事求是的科学含义和精神实质,深刻把握事物发展规律,始终按实事求是的要求办事。坚持绵绵用力、久久为功,用足够毅力去做好每一件事情,以"功成不必在我"的精神境界和"功成必定有我"的历史担当,创造经得起历史检验的实绩。

在落实全面从严治党要求上展现新担当新作为。坚决落实"全面从严治党永远在路上,党的自我革命永远在路上"这一战略要求,自重自省、守正清廉,以自身清、自身正、自身硬推动营造良好政治生态。做到心有所畏,牢记清廉是福、贪欲是祸的道理,经常对照党的理论和路线方针政策、对照党章党规党纪、对照初心使命,时刻绷紧拒腐防变这根弦,以内无妄思保证外无妄动。做到言有所戒,坚持在党爱党、在党言党、在党忧党、在党为党,违背原则的话不说,有碍大局的话不说,不利团结的话不说,不负责任的话不说,坚决防止"低级红""高级黑"。做到行有所止,谨记权为民所用的道理,增强自制力,严守法纪规矩,严格家教家风,任何时候、任何情况下都不放纵、不越轨、不逾矩。

■ 如何抓好落实

主动加强学习历练，努力提高担当作为的能力本领

干部担当作为，既要有干事之心，更要有成事之能。党员干部应当带头勤学苦练、努力增长才干，在常修常炼、常悟常进中不断完善自己、提高自己，全面提升履职尽责、担当作为的能力本领。

坚持不懈用党的创新理论凝心铸魂、固本培元。把学好用好习近平新时代中国特色社会主义思想作为首要政治任务，全面提升与推进中国式现代化相适应的政治能力、领导能力、工作能力。努力学出对党的绝对忠诚，在深化内化转化上下功夫，深刻领悟"两个确立"的决定性意义，持续激发担当作为内生动力，切实转化为忠于党、忠于人民、忠于党的事业的政治执行力。努力学出高度的政治站位，跟进学习习近平总书记最新重要讲话和重要指示批示精神，关注习近平总书记和党中央在关心什么、强调什么，明确担当作为的方向，增强把握大局大势的能力。努力学出科学的思维能力，深入领会习近平总书记治国理政中蕴含的政治智慧，不断增强担当作为的战略思维、历史思维、辩证思维、系统思维、创新思维、法治思维、底线思维能力，提升把握工作规律的能力本领。

持续强化实践锻炼、一线磨练。坚持在学中干、干中学，把扛重活、打硬仗作为锻炼成长、锤炼本领的基本途径。愿挑

最重的担子，对于责任重大、艰巨繁重的工作任务，靠前一步主动承担，勇于到高质量发展的前沿一线、重点领域摔打自己，在知重负重中磨砺干事成事的硬功夫。能啃最硬的骨头，对于发展中的难点堵点痛点问题，事不避难、义不逃责，顶住压力向前冲、迎着困难往前走，在攻坚克难中练就担当作为的真本事。善接烫手的山芋，对于历史遗留、风险性大的棘手问题，保持临危不惧、遇险不慌、逢难不惊的定力，在多当几回"热锅上的蚂蚁"中提高应对复杂局面的能力。

　　自觉运用科学策略、正确方法。学习掌握科学的思想方法、工作方法，及时总结实践中探索的新经验新打法，着力提升工作科学化规范化水平。坚持谋定而后动，大兴调查研究，全面落实"四下基层"制度，切实把上级政策学清楚、把工作现状搞清楚、把基层情况摸清楚，加强科学论证和研判分析，在谋深、谋细、谋实中提升担当作为的能力素养。坚持系统观念，突出"抓具体、具体抓""抓系统、系统抓"，把握好全局和局部、当前和长远、宏观和微观、特殊和一般的关系，不断提高统筹协同、担当干事的能力水平。坚持问题导向，深入分析工作中面临的最突出、最重大、最迫切的挑战，找准突破短板弱项的着力点和切入点，以问题解决提升履职担当的实际本领。

　　始终保持优良传统、过硬作风。大力弘扬党的光荣传统，涵养求真务实、真抓实干的优良作风，不断提振担当作为的精气神。强化事争一流的作风，放宽视野、打开格局，主动寻标

■ 如何抓好落实

对标，每项工作都着眼追求最高水平、力求做到最好，增强高标准、高质量推动工作的能力水平。强化狠抓落实的作风，将不折不扣抓落实、雷厉风行抓落实、求真务实抓落实、敢作善为抓落实作为担当作为的总要求，完善推动工作落实的闭环机制，当好推进事业发展的执行者、行动派、实干家，把"时时放心不下"的责任感转化为"事事心中有底"的行动力。强化极端负责的作风，把工作放在心上、把心放在工作上，凡事做到守土有责、守土负责、守土尽责，在做好每项具体工作中提高精益求精、精耕细作的能力本领。

（王宇燕）

（《学习时报》2024年4月1日第1版）

第四篇
敢作善为抓落实

如何始终保持干事创业精神状态

人无精神则不立，国无精神则不强。"如何始终保持干事创业精神状态"，是习近平总书记在二十届中央纪委二次全会上提出的百年大党必须解决的独有难题之一。这一问题关系到我们党能否永葆革命精神和革命斗志，关系到我们党在新时代新征程如何提振锐意进取、担当有为的精气神。这一问题的鲜明提出，充分彰显了我们党踏上新的赶考之路的清醒与坚定。

如何始终保持干事创业精神状态，
关系党和国家事业兴衰成败

一个政党，经过长期执政之后，往往容易形成承平日久、精神懈怠的心态。2018年1月，习近平总书记深刻指出，"功成

■ 如何抓好落实

名就时做到居安思危、保持创业初期那种励精图治的精神状态不容易，执掌政权后做到节俭内敛、敬终如始不容易，承平时期严以治吏、防腐戒奢不容易，重大变革关头顺乎潮流、顺应民心不容易。"习近平总书记强调的"四个不容易"，表达了深深的忧患意识，体现了对我们所处时代环境和条件发生复杂变化的深刻洞察，意味深长、发人深省。在新时代新征程上，我们党面临的"四大考验""四种危险"更加复杂严峻，肩负的任务更加艰巨，如何始终保持干事创业精神状态，事关重大，必须高度重视。习近平总书记在党的二十大报告中强调，"全党必须牢记，全面从严治党永远在路上，党的自我革命永远在路上，决不能有松劲歇脚、疲劳厌战的情绪，必须持之以恒推进全面从严治党，深入推进新时代党的建设新的伟大工程，以党的自我革命引领社会革命。"

治国必先治党，党兴才能国强。党的十八大以来，以习近平同志为核心的党中央以前所未有的勇气和定力推进全面从严治党，打了一套自我革命的"组合拳"，形成了一整套党自我净化、自我完善、自我革新、自我提高的制度规范体系，解决了党内许多突出问题。但同时也要清醒地看到，党面临的执政考验、改革开放考验、市场经济考验、外部环境考验将长期存在，精神懈怠危险、能力不足危险、脱离群众危险、消极腐败危险将长期存在。因此，习近平总书记时常提醒全党同志要警惕精神懈怠的危险，始终保持干事创业精神状态。2021 年 11

月，习近平总书记在党的十九届六中全会第二次全体会议上指出，"在建党百年之际，我们要居安思危，时刻警惕我们这个百年大党会不会变得老态龙钟、疾病缠身。对党的历史上走过的弯路、经历的曲折不能健忘失忆，对中外政治史上那些安于现状、死于安乐的深刻教训不能健忘失忆；对自身存在的问题不能反应迟钝，处理动作慢腾腾、软绵绵，最终人亡政息！"全面建设社会主义现代化国家、全面推进中华民族伟大复兴，关键在党。因此，必须时刻保持解决大党独有难题的清醒和坚定，实现新时代新征程党的使命任务必须始终保持干事创业精神状态，这是全面从严治党适应新形势新要求必须啃下的硬骨头。

始终保持干事创业精神状态，要居安思危、时刻保持强烈忧患意识

古今中外，执政者因骄傲自满、精神懈怠而导致人亡政息的例子比比皆是。2021年2月，习近平总书记在党史学习教育动员大会上指出，"我们要清醒看到，我们党长期执政，党员干部中容易出现承平日久、精神懈怠的心态。有的觉得现在已经可以好好喘口气、歇歇脚，做做安稳官、太平官了；有的觉得'船到码头车到站'，不思进取、庸政懒政混日子；有的为个人打算多了，患得患失、不敢担当却贪图名利、享受；有的习惯当'传声筒'、'中转站'，遇到困难绕着走、碰到难题往上交，缺乏攻

■ 如何抓好落实

坚克难的锐气和斗志。"党的十八大以来，习近平总书记反复告诫全党警惕精神懈怠的危险，要求全党增强忧患意识、始终居安思危。

1944年，毛泽东同志要求将《甲申三百年祭》作为延安整风文件印发全党学习，并提醒干部"必须永远保持清醒与学习态度，万万不可冲昏头脑，忘其所以，重蹈李自成的覆辙"。他在给郭沫若的信中写道："你的《甲申三百年祭》，我们把它当作整风文件看待。小胜即骄傲，大胜更骄傲，一次又一次吃亏，如何避免此种毛病，实在值得注意。"2021年9月，习近平总书记在陕西榆林考察期间，提及这段历史时感慨道："中国革命必然胜利在这里就能找到答案。"我们党的领导人对《甲申三百年祭》的重视，充分体现了中国共产党人强烈的忧患意识，也深刻揭示了我们党历经百年依然风华正茂的奥秘所在。

1949年3月，在中国革命即将取得全国胜利之际，毛泽东同志在党的七届二中全会上指出："因为胜利，党内的骄傲情绪，以功臣自居的情绪，停顿起来不求进步的情绪，贪图享乐不愿再过艰苦生活的情绪，可能生长。"进而，毛泽东同志告诫全党，夺取全国胜利，只是万里长征走完了第一步，以后的路更长，工作更伟大、更艰苦，所以，"务必使同志们继续地保持谦虚、谨慎、不骄、不躁的作风，务必使同志们继续地保持艰苦奋斗的作风"。实践充分证明，我们党在重大历史关头的清醒与坚定，为我们夺取新民主主义革命伟大胜利提供了有力保证。

党的十八大以来，习近平总书记多次告诫全党要牢记"两个务必"。2013年7月，习近平总书记到西柏坡参观时说，毛泽东同志当年在这里提出的"两个务必"，包含着对我国几千年历史治乱规律的深刻借鉴，包含着对我们党艰苦卓绝奋斗历程的深刻总结，包含着对胜利了的政党永葆先进性和纯洁性、对即将诞生的人民政权实现长治久安的深刻忧思，包含着对我们党坚持全心全意为人民服务根本宗旨的深刻认识，思想意义和历史意义十分深远。

习近平总书记反复提醒全党，"越是前景光明，越是要增强忧患意识，做到居安思危，全面认识和有力应对一些重大风险挑战"。2021年，在我国全面建成小康社会，实现第一个百年奋斗目标的关键时刻，习近平总书记在这一年的春节团拜会再次郑重指出，"我们必须认识到，这只是我们迈向中华民族伟大复兴的关键一步，我们决不能骄傲自满、止步不前，要继续谦虚谨慎、戒骄戒躁，继续艰苦奋斗、锐意进取，为实现第二个百年奋斗目标、实现中华民族伟大复兴而奋力拼搏，为人类和平与发展的崇高事业不断作出新的更大贡献！"在党的二十大上，习近平总书记提出了"三个务必"："全党同志务必不忘初心、牢记使命，务必谦虚谨慎、艰苦奋斗，务必敢于斗争、善于斗争，坚定历史自信，增强历史主动，谱写新时代中国特色社会主义更加绚丽的华章。"这一重要论述，充分彰显了新时代中国共产党人高度的政治自觉、坚定的政治清醒、强烈的政治担当。从

■ 如何抓好落实

"两个务必"到"三个务必",既一脉相承又与时俱进,体现了我们党永葆"赶考"的清醒与坚定,体现了中国共产党人始终保持干事创业精神状态。

始终保持干事创业精神状态,
要敢于直面问题,勇于自我革命

勇于自我革命,是我们党最鲜明的品格,也是我们党最大的优势。习近平总书记指出,"回顾党的历史,我们党总是在推动社会革命的同时,勇于推动自我革命,始终坚持真理、修正错误,敢于正视问题、克服缺点,勇于刮骨疗毒、去腐生肌。正因为我们党始终坚持这样做,才能够在危难之际绝处逢生、失误之后拨乱反正,成为永远打不倒、压不垮的马克思主义政党。"这段论述,阐明了我们党敢于直面问题、勇于自我革命的魄力。可以说,我们党始终保持干事创业精神状态是与我们党始终进行激浊扬清的自我革命分不开的。习近平总书记指出,"我们党之所以伟大,不在于不犯错误,而在于从不讳疾忌医,敢于直面问题,勇于自我革命。"

打铁必须自身硬。办好中国的事情,关键在党,关键在坚持党要管党、全面从严治党。习近平总书记指出,"自我革命就是补钙壮骨、排毒杀菌、壮士断腕、去腐生肌,不断清除侵蚀党的健康肌体的病毒,不断提高自身免疫力,防止人亡政息。"

通过不断的自我革命，勇于刀刃向内、刮骨疗毒，才能永葆先进性和纯洁性，永葆旺盛生命力和强大战斗力，始终保持干事创业精神状态，保证党长盛不衰，党的事业不断发展壮大。

党的十八大以来，我们党坚持党要管党、全面从严治党，坚持严字当头、一严到底，突出抓住"关键少数"，落实主体责任和监督责任，强化监督执纪问责，把全面从严治党贯穿于党的建设各方面。特别是以猛药去疴、重典治乱的决心，以刮骨疗毒、壮士断腕的勇气，坚定不移"打虎""拍蝇""猎狐"，反腐败斗争取得压倒性胜利并全面巩固，消除了党、国家、军队内部存在的严重隐患，使党的精神面貌焕然一新。2018年11月，习近平总书记在十九届中央政治局第十次集体学习时指出，"全面从严治党的目的是更好促进事业发展。严管不是把干部管死，不是把干部队伍搞成一潭死水、暮气沉沉，而是要激励干部增强干事创业的精气神。"

我们党坚持思想建党和制度治党同向发力，先后开展党的群众路线教育实践活动、"三严三实"专题教育、"两学一做"学习教育、"不忘初心、牢记使命"主题教育、党史学习教育、学习贯彻习近平新时代中国特色社会主义思想主题教育，教育引导广大党员干部筑牢信仰之基、补足精神之钙、把稳思想之舵。实践充分证明，我们党推动党的自我革命开辟新境界，激励干部增强干事创业的精气神，为党和国家事业取得历史性成就、发生历史性变革提供了有力保证。

■ 如何抓好落实

习近平总书记指出，我们党是世界上最大的政党，大就要有大的样子，同时大也有大的难处。把这么大的一个党管好很不容易，把这么大的一个党建设成为坚强的马克思主义执政党更不容易。那么，始终保持干事创业的精神状态，必须发挥中国共产党的独特优势，勇于自我革命。我们党为什么能够在近现代中国各种政治力量的反复较量中脱颖而出？为什么能够始终走在时代前列、成为中国人民和中华民族的主心骨？根本原因在于我们党始终保持了自我革命精神。正是由于这种自我革命精神，我们党才能一次次认真地检视自己的问题，一次次拿起手术刀来革除自身的病症，驱除松劲歇脚、疲劳厌战的情绪，鼓起干事创业精神状态。

始终保持干事创业精神状态，要坚定理想信念，补足精神之钙

理想信念是共产党人精神上的"钙"，是党员干部安身立命之本。习近平总书记指出"共产党人如果没有信仰、没有理想，或信仰、理想不坚定，精神上就会'缺钙'，就会得'软骨病'，就必然导致政治上变质、经济上贪婪、道德上堕落、生活上腐化。"使我们党始终保持干事创业精神状态，必须补足精神之"钙"，铸牢思想之"魂"。

革命理想高于天，在我们党一百多年的奋斗历史中，一代

又一代共产党人为了民族独立和人民解放，不惜流血牺牲，靠的就是一种信仰，为的就是一个理想。我们党之所以能够经受一次次挫折而又一次次奋起，归根到底是因为我们党有远大理想和崇高追求。马克思主义是我们立党立国的根本指导思想。对马克思主义的信仰，对社会主义和共产主义的信念，是共产党人的政治灵魂，是共产党人经受任何考验的精神支柱。背离或放弃马克思主义，我们党就会失去灵魂、迷失方向。习近平总书记指出，"建设坚强的马克思主义执政党，首先要从理想信念做起。"

对党员干部来说，思想上的滑坡是最严重的病变。全面从严治党，既要注重规范惩戒、严明纪律底线，更要引导人向善向上，发挥理想信念和道德情操引领作用。习近平总书记指出，"'本'在人心，内心净化、志向高远便力量无穷。"理想因其远大而为理想，信念因其执着而为信念。有了坚定的理想信念，站位就高了，眼界就宽了，心胸就开阔了，就能坚持正确政治方向，在胜利和顺境时不骄傲不急躁，在困难和逆境时不消沉不动摇，经受住各种风险和困难考验，自觉抵御各种腐朽思想的侵蚀，永葆共产党人政治本色。习近平总书记指出："我之所以不断强调坚定理想信念，是因为这是事关马克思主义政党、社会主义国家的精神力量和前途命运的根本问题。"

2022年10月27日，党的二十大胜利闭幕不到一周，习近平总书记带领新当选的二十届中共中央政治局常委来到延

■ 如何抓好落实

安，瞻仰革命纪念地。习近平总书记指出，"当年毛泽东同志等老一辈革命家在延安，住窑洞、吃粗粮、穿布衣，用'延安作风'打败了'西安作风'。全党同志要把老一辈革命家和共产党人留下的光荣传统和优良作风传承好发扬好，勇于推进党的自我革命，坚定不移推进全面从严治党，始终保持党的先进性和纯洁性，确保党始终成为中国特色社会主义事业的坚强领导核心。"习近平总书记铿锵有力的话语，彰显了百年大党坚持自我革命的坚定决心，也体现了中国共产党人要始终保持干事创业精神状态的坚定信心。

习近平总书记指出，"我们党之所以历经百年而风华正茂、饱经磨难而生生不息，就是凭着那么一股革命加拼命的强大精神。"中国共产党百年奋斗史表明，只有具有伟大精神的政党才能领导人民赢得伟大斗争、开创伟大事业。一百年来，我们党筚路蓝缕一路走来，一代又一代中国共产党人接续奋斗、顽强拼搏，展现出伟大的历史主动精神，形成了井冈山精神、长征精神、遵义会议精神、延安精神、西柏坡精神、红岩精神、抗美援朝精神、"两弹一星"精神、特区精神、抗洪精神、抗震救灾精神、抗疫精神等伟大精神，构筑起了中国共产党人的精神谱系，成为中国共产党人理想信念、政治品格、宗旨意识、意志品质、精神风貌的综合体现，为我们党始终保持干事创业的精神状态提供了丰富的滋养。2021年2月，习近平总书记在党史学习教育动员大会上指出，"在我国这样一个14亿人口的国家实现社会主义现代化,这是多么伟大、多么不易!要教育引导全党大力发扬红色传统、传承红色基因,赓续共产党人精神血脉,始终保持革命者的大无畏奋斗精神,鼓起迈进新征程、奋进新时代的精气神。"

(尹航)

(《中国纪检监察报》2023年7月27日第8版)

■ 如何抓好落实

坚持造就忠诚干净担当的高素质干部队伍

"为政之要,唯在得人"。党的干部是党和国家事业的中坚力量。政治路线确定之后,干部就是决定的因素。党的十八大以来,针对具有许多新的历史特点的伟大斗争,习近平总书记围绕高素质干部队伍建设提出了许多新思想、新观点、新论断,核心是坚持造就忠诚干净担当的高素质干部队伍。

坚持党管干部原则,坚持新时代好干部标准

坚持党管干部原则,是党的事业取得成功的重要因素。中国共产党从革命走向建设、改革的百余年历史进程中,正是因为始终坚持党管干部原则,牢牢把握党对各项事业的领导权,才能在领导政党、国家、社会互动中不断建构出权威、秩序与

活力。正是因为把党管干部原则有效融合于治理结构，不断加强制度化建设，才能建立一个具有分工结构和选贤任能功能的运行体制。

党的十八大以来，习近平总书记围绕培养选拔党和人民需要的好干部这条主线，强调坚决防止干部工作中出现的"四唯"问题，为端正用人导向提供了重要指导和根本遵循。党中央制定出台一系列法规制度，解决唯票、唯分、唯GDP、唯年龄问题。2014年修订的《党政领导干部选拔任用工作条例》规定，民主推荐结果作为选拔任用的重要参考；规定公开选拔、竞争上岗应从实际出发，合理确定选拔职位、数量和范围；规定把民生改善、生态文明建设、党的建设等作为考核评价的重要内容。2019年新修订的《党政领导干部选拔任用工作条例》充实了动议要求，调整了民主推荐程序，突出了严格贯彻执行民主集中制有关内容，把党的领导进一步贯穿分析研判和动议、民主推荐、考察、讨论决定、任职等各个环节以及依法推荐、提名等各项工作之中，使党对干部工作的全面领导得到更好实现，党管干部原则得到更好坚持。

坚持新时代好干部标准，要严格把好政治关、廉洁关。

高素质首在突出政治标准，一看政治忠诚，是否牢固树立"四个意识"，坚定拥护"两个确立"，坚决做到"两个维护"，在思想上政治上行动上同以习近平同志为核心的党中央保持高度一致。二看政治定力，是否坚定"四个自信"。三看政治担当，

■ 如何抓好落实

是否坚持原则、敢于斗争。四看政治能力，是否善于从政治上观察和处理问题。五看政治自律，是否严格遵守党的政治纪律和政治规矩。

高素质重在严把廉洁关，在品行、作风和廉洁上严格把关，坚决防止"带病提拔"。党中央印发《关于防止干部"带病提拔"的意见》，明确党委（党组）在向上级党组织推荐报送拟提拔或进一步使用的人选时，要认真负责地对人选廉洁自律情况提出结论性意见，实行党委（党组）书记、纪委书记（纪检监察组组长）在意见上签字制度。同时，结合巡视开展选人用人专项检查，严肃查处跑官要官、买官卖官、拉票贿选等不正之风。拧紧干部管理监督的螺丝，开展领导干部个人有关事项报告抽查核实工作，加大提醒函询诫勉力度，持续开展"三超两乱""裸官"、干部档案造假、干部因私出国（境）等专项整治，优化了选人用人环境，促进了政治生态净化。

注重思想淬炼、政治历练、实践锻炼、专业训练

重视对干部的教育培训是中国共产党的优良传统，是造就忠诚干净担当的高素质干部队伍的重要路径。中国共产党自成立之初就把干部教育培训作为干部队伍建设的先导性、基础性、战略性工程。延安时期创办了中央党校、抗大、陕北公学等各级各类干部学校，从学习、传播马克思主义，培养军政人才、

专业人才等方面对党员干部进行素质能力培训。正因为重视造就高素质干部队伍，中国共产党才能一代接着一代奋力前行。

党的十八大以来，中国共产党尤其注重从思想淬炼、政治历练、实践锻炼、专业训练四个方面造就忠诚干净担当的高素质干部队伍。

在思想淬炼和政治历练方面，强调对党忠诚。对党忠诚是最基本的党性要求，是马克思主义信仰最直接的体现。

忠诚，就是要怀有赤诚之心，对党忠诚老实。习近平总书记强调："全党同志特别是高级干部要加强党性锻炼，不断提高政治觉悟和政治能力，把对党忠诚、为党分忧、为党尽职、为民造福作为根本政治担当，永葆共产党人政治本色。"忠诚既是广大党员干部安身立命的道德基础，也是党性修养的集中体现，是每个党员对入党誓言的忠诚践行。

忠诚，具有彻底性，具有执行力。党的干部对党的忠诚是绝对的，是"唯一的、彻底的、无条件的、不掺任何杂质的、没有任何水分的"。在实现中华民族伟大复兴的进程中，对党忠诚必须具有彻底性和坚强的执行力，只有这样才能应对惊涛骇浪。新时代，党的各级干部要做到忠诚，必须主动把自己摆进去，不断提高政治判断力、政治领悟力、政治执行力。

在实践锻炼和专业训练方面，习近平总书记多次强调要按照建设高素质专业化干部队伍要求，强化能力培训和实践锻炼，提高专业思维和专业素养，涵养干部担当作为的底气和勇

■ 如何抓好落实

气。在实际工作中,要优化干部成长路径,注重在基层一线和困难艰苦地区培养锻炼干部,让他们在实践中砥砺品质、增长才干。要注重培养专业作风、专业精神,引导广大干部坚持理论联系实际,干一行爱一行、钻一行精一行。党的十九大报告中,习近平总书记提出党员干部要增强八个方面的执政本领。《中共中央关于党的百年奋斗重大成就和历史经验的决议》中多次强调提高斗争本领,增强担当本领。党的二十大报告进一步强调,增强干部推动高质量发展本领、服务群众本领、防范化解风险本领。加强干部斗争精神和斗争本领养成,着力增强防风险、迎挑战、抗打压能力,带头担当作为,做到平常时候看得出来、关键时刻站得出来、危难关头豁得出来。

坚持严管和厚爱相结合

　　造就高素质干部队伍是一门科学,既要敢抓善管、精准施策,体现组织的纪律和严的力度,又要撑腰鼓劲、关爱宽容,体现组织的温度。组织敢于为干部担当,严管厚爱相结合,干部干事创业才会更有动力与激情。

　　早在革命战争时期,毛泽东就十分注重干部队伍的严管厚爱相结合,既注重做好干部的监督、检查、纠正工作,又强调从政治上、生活上关心爱护干部。在《中国共产党在民族战争中的地位》一文中,毛泽东指出爱护干部的五个办法:第一,指导他们。这就是让他们放手工作,使他们敢于负责;同时,又适时地给以指示,使他们能在党的政治路线下发挥其创造性。第二,提高他们。这就是给以学习的机会,教育他们,使他们在理论上在工作能力上提高一步。第三,检查他们的工作,帮助他们总结经验,发扬成绩,纠正错误。第四,对于犯错误的干部,一般地应采取说服的方法,帮助他们改正错误。第五,照顾他们的困难。干部有疾病、生活、家庭等项困难问题者,必须在可能限度内用心给予照顾。

在长期执政背景下,面对新形势新挑战,必须注重激发广大干部的积极性、主动性、创造性,坚持严管和厚爱结合,为国家治理体系和治理能力现代化提供坚强的组织保障。

在新时代党的建设新的伟大工程中,中国共产党要确保党在世界形势深刻变化的历史进程中始终走在时代前列,在应对国内外各种风险和考验的历史进程中始终成为全国人民的主心骨,在发展中国特色社会主义的历史进程中始终成为坚强的领导核心,必须坚持造就忠诚干净担当的高素质干部队伍,坚持严管和厚爱相结合、激励和约束并重,完善干部担当作为激励机制,更好激励广大党员干部的积极性、主动性、创造性。

党的十八大以来,习近平总书记多次强调"三个区分开来",干部队伍的容错纠错机制建设有了很大的成效。接下来,要进一步推进容错纠错机制的要素建设,不断完善容错纠错机制的实操细节规定,不断完善受党纪政务处分、受问责干部影响期

■ 如何抓好落实

满后鉴定评价机制建设，不断纠正执行中存在的重容错轻纠错的问题。同时，要以精准规范问责，进一步厘清权责边界，进一步完善纵向层级间的责任界定分担机制，避免因责任不均衡导致层层推诿，积极构建覆盖"事前、事中、事后"的风险评估、回溯、分担机制，形成"干部为事业担当，组织为干部担当"的良好局面。

（王懂棋）

（《中国纪检监察报》2023年11月7日第8版）

重实干、做实功、求实效

"要持续抓好落实,重实干、做实功、求实效,更好将主题教育成果转化为推动高质量发展的成效。"1月31日,中共中央政治局召开会议强调,各级党委(党组)要把巩固拓展主题教育成果作为重大政治任务,扛起主体责任,不折不扣抓好落实。

制度带有全局性、稳定性,管根本、管长远。巩固拓展主题教育成果,建章立制是重要抓手。要把习近平新时代中国特色社会主义思想的世界观、方法论和贯穿其中的立场观点方法转化为自己的科学思想方法,作为研究问题、解决问题的"总钥匙"。在这次主题教育中,各地探索出许多好经验好做法,还需建立健全一批行得通、做得实、长期管用的制度机制,推动从"解剖一个问题"向"解决一类问题"推进,从"管住当前事"向"管住长远事"拓展。各级党组织要注重将实践中行之有效

■ 如何抓好落实

的好经验好做法总结提升、形成制度，推动党的创新理论武装常态化长效化。

解决问题是最好的教育。群众有哪些烦心事？发展存在哪些阻碍？检验主题教育的成果，要看解决问题的实际成效。这次主题教育中，广大党员、干部奔着问题去、对着问题改，把理论学习、调查研究、推动发展、检视整改贯通起来，边学习、边对照、边检视、边整改，解决了一批发展所需、改革所急、基层所盼、民心所向的重点难点问题。要及时总结和提炼发现问题、解决问题的有效方法，比如，抓好典型案例的解剖式调研、学习推广"四下基层"、落实"民呼我为""接诉即办"机制等，常态化破难题、促发展、办实事、解民忧。同时，对于一时解决不了的问题，要制定具体措施、整改时限、责任分工，明确"时间表""施工图"，紧盯不放、一抓到底，防止久拖不决、整而不改，让群众切实感受到主题教育的成效。

把主题教育成果巩固好、拓展好，必须重实干、做实功、求实效。广大党员、干部要鼓足干劲、振奋精神、真抓实干，切实把主题教育焕发出来的学习、工作热情转化为攻坚克难、干事创业的强大动力，推动新的一年各项工作开好局、起好步。各地要深化拓展整治形式主义为基层减负，靶向纠治、切实整改，建立健全防止形式主义和官僚主义长效机制，让基层干部放开手脚、轻装上阵，腾出更多时间和精力抓工作落实，真正把功夫下在解决实际问题、提升群众幸福指数上。

新征程上,广大党员、干部坚持不懈从习近平新时代中国特色社会主义思想中悟规律、明方向、学方法、增智慧,把看家本领、兴党本领、强国本领学到手,把好经验好做法用足、用活、用好,实实在在将主题教育成果转化为推动高质量发展的成效,定能不断创造经得起历史和人民检验的实绩,推动中国式现代化取得新进展新突破。

(李林蔚)

(《人民日报》2024年2月6日第19版)

■ 如何抓好落实

当好坚定行动派、实干家

"要抓住一切有利时机,利用一切有利条件,看准了就抓紧干,把各方面的干劲带起来。"3月5日,习近平总书记在参加十四届全国人大二次会议江苏代表团审议时强调,要继续巩固和增强经济回升向好态势,提振全社会发展信心,党员干部首先要坚定信心、真抓实干。

干事担事,是干部职责所在,也是价值所在。把中国式现代化这一前无古人的伟大事业不断向前推进,艰巨性和复杂性前所未有,尤其需要党员干部当好坚定行动派、实干家,真抓实干、埋头苦干、善作善成。

当好坚定行动派、实干家,要求党员干部坚持系统观念,胸怀"国之大者",站在全局和战略的高度想问题、办事情,多打大算盘、算大账。推进中国式现代化是一个系统工程,需要统筹兼顾、系统谋划、整体推进。生态治理，要以改革的思路、技术的力量、转型的方式、市场的手段，系统推进生态保护修复、破解生态环境突出问题；发展新质生产力，科技创新起主导作用，各地要坚持从实际出发，先立后破、因地制宜、分类指导……越是任务艰巨，越需要坚持用全面、辩证、长远的眼光去认识问题，加强战略性、系统性、前瞻性研究谋划，整体把握新时代新征程党和国家事业发展的目标任务、战略部署、重大举措，务实功、出实招、求实效，从全局谋划一域、以一域服务全局。

当好坚定行动派、实干家，需强化精准思维，扑下身子当好"施工队长"，以工匠精神练就绣花功夫，精细施策、精准发力，把各项工作做扎实、做到位。干一行、爱一行，专一行、精一行。党员干部要发扬工匠精神，牢固树立为民造福的政绩观，保持一张蓝图绘到底的战略定力，锤炼一丝不苟、追求卓越的工作作风，展现锐意进取、攻坚克难的坚韧执着，练就抓落实的"金刚钻"，一步一个脚印，扎扎实实、踏踏实实把强国建设、民族复兴伟业不断推向前进。

当好坚定行动派、实干家，要时刻保持箭在弦上的备战姿态，坚持底线思维、增强忧患意识，将"时时放心不下"的责任感切实转化为"事事心中有底"的行动力。心中有底，一方面要发扬自我革命精神，增强纪律意识规矩意识，保持反躬自省的自觉、如临如履的谨慎、严管严治的担当，守住做人、处事、

■ 如何抓好落实

用权、交友的底线；一方面要居安思危、未雨绸缪，凡事从最坏处着眼、向最好处努力，下好先手棋，打好主动仗，对各种风险见之于未萌、化之于未发，统筹发展和安全，坚持有所为有所不为，以自身工作的确定性应对形势变化的不确定性，通过顽强斗争打开事业发展新天地。

大道至简，实干为要。新征程上，广大党员干部坚定信心，真抓实干、埋头苦干、善作善成，定能调动广大人民群众的积极性、主动性、创造性，凝聚起以中国式现代化全面推进强国建设、民族复兴伟业的磅礴力量。

（赵成）

（《人民日报》2024年3月19日第19版）

 实 践

敢作善为抓落实

真抓实干、务求实效。习近平总书记高度重视抓落实工作，强调"要敢作善为抓落实""充分发挥各级领导干部的积极性主动性创造性"。今年全国两会期间，习近平总书记发表一系列重要讲话，凝聚起以中国式现代化全面推进强国建设、民族复兴伟业的磅礴力量。

代表委员表示，要把思想和行动统一到习近平总书记重要讲话精神和党中央决策部署上来，敢作善为抓落实，充分发挥积极性主动性创造性，以时时放心不下的责任感、积极担当作为的精气神为党和人民履好职、尽好责，以新气象新作为推动高质量发展取得新成效。

■ 如何抓好落实

激励敢作敢为，行动出实效

敢作善为抓落实，要激励担当作为、敢作敢为，行动出实效。

"习近平总书记的重要讲话振奋人心，催人奋进。党员、干部就要有干事的魄力，有敢于扛事的担当。我们始终瞄准影响人民群众健康的重大医疗领域问题，高质量建设国家医学中心，引导广大干部职工把职责放在心上、扛在肩上。"浙江大学医学院附属第一医院党委书记梁廷波代表表示，要真抓实干、务求实效，加强医保、医疗、医药的改革协同，深化教育、科技、人才制度等改革，培养更多高水平创新型人才，不断推动医疗技术进步。

打通束缚新质生产力发展的堵点卡点，实现高水平科技自立自强，广大科技工作者要担当起科技创新的重任。"面向未来，应奔着问题去、迎着难题上，进一步增强科教兴国强国的抱负，担当起科技创新的重任，积极打通产学研堵点痛点，加速推进科技成果落地转化，为发展新质生产力提供更大助力。"中国科学院院士、中国科学院强耦合量子材料物理重点实验室主任陈仙辉委员说，"随着技术发展，不同领域的交叉越来越紧密，需要不断加强对交叉型人才的培养。"

"习近平总书记强调，面对新一轮科技革命和产业变革，我们必须抢抓机遇，加大创新力度，培育壮大新兴产业，超前布局建设未来产业，完善现代化产业体系。"中国科学院院士、北京大学教授魏悦广委员表示，当前新材料的涌现以及在航空航天等领域的广泛应用，对力学发展提出了新挑战。希望发展出更加有效的跨尺度力学新理论，推进新材料科学研究和相关高精尖技术的持续发展。加强基础研究需要高水平人才，要深化科技体制改革和人才发展体制机制改革，健全科技评价体系和激励机制，进一步激发各类人才创新活力和潜力。

"习近平总书记强调，要继续巩固和增强经济回升向好态势，提振全社会发展信心，党员干部首先要坚定信心、真抓实干。"甘肃省甘南藏族自治州委常委、夏河县委书记杨振林代表表示，过去一年，夏河县深入开展主题教育，干部的思想认识更加统一、能力素质不断提升、工作作风明显转变，各项工作取得明显成效。夏河县将继续巩固拓展主题教育成果，优化政务服务环境，激励干部担当作为，全力推动经济社会高质量发展。

"习近平总书记强调，提升经略海洋能力。"福建理工大学副校长韦建刚委员表示，发展海洋经济，加快建设海洋强国，要加强核心技术和关键仪器设备的自主研发能力，培养与海洋新兴产业相适应的人才。福建理工大学将围绕国家所需，推动产学研深度融合，提升自主创新能力和海洋产业服务能力，为海洋强国建设贡献更多技术和人才。

■ 如何抓好落实

做到善作善为，打开新局面

敢作善为抓落实，要求做到善作善为，全面增强履职尽责所需要的各方面本领，特别是推动高质量发展本领，不断打开新局面。

"习近平总书记强调，各地要坚持从实际出发，先立后破、因地制宜、分类指导，根据本地的资源禀赋、产业基础、科研条件等，有选择地推动新产业、新模式、新动能发展，用新技术改造提升传统产业，积极促进产业高端化、智能化、绿色化。"安徽省亳州市市长秦凤玉代表表示，亳州是国家首批碳达峰试点城市，下一步，将持续推动先进绿色技术发展，打造清洁低碳、安全高效的能源体系和产业结构。

"习近平总书记的重要讲话为我们指明了方向。"吉林省白山市市长王雪峰代表表示，白山近年来坚持生态优先、绿色发展，加速产业转型升级，加快推动将生态优势转化为经济优势、发展优势。将运用科学思维谋划发展，坚持从实际出发，根据本地资源禀赋，推动光伏玻璃、抽水蓄能等新材料新能源产业发展壮大。

"锚定航天强国目标，我们将真抓实干、全力攻坚。"中国航天科技集团有限公司第十一研究院研究员曲伟委员表示，航天十一院主要从事热防护领域相关工作，下一步，将在数值模拟、风洞试验、飞行试验中加大科研攻关，推动飞行器热防护事业发展，为我国实现高水平科技自立自强贡献力量。

"习近平总书记强调，要坚持以人民为中心的发展思想，在发展中稳步提升民生保障水平，引导激励广大群众依靠自己的双手创造幸福生活。"山东省济南市长清区万德街道马套村党总支书记肖舒荣代表说，近年来，马套村从一个穷山村，逐步走出一条强村富民的新路子，靠的正是汇聚群众智慧。在村党组织的引领下，马套村实现"文农旅商"有机结合，年接待游客超 40 万人次，2023 年村集体收入 320 余万元。下一步，将加大乡村旅游产业发展力度，带着群众干，帮着群众富，推进乡村全面振兴。

营造良好氛围，提振精气神

敢作善为抓落实，要提振精气神，坚持严管和厚爱结合、激励和约束并重，坚持"三个区分开来"，充分发挥抓落实的积极性主动性创造性，形成奋进新征程、建功新时代的浓厚氛围。

"习近平总书记强调，要巩固拓展主题教育成果，建立长效机制，坚决纠治形式主义、官僚主义，切实为基层减负，激发全党全社会创造活力，提振党员干部干事创业的精气神。"宁夏回族自治区石嘴山市第十一小学教育集团党支部书记、校长薛超代表表示，把各项工作落实落细尤其需要良好的社会氛围，

■ 如何抓好落实

特别是对那些积极尝试探索、追求创新的工作方法要更加重视。进一步强化鼓励担当作为政策的落实，积极营造鼓励探索、包容创新的良好氛围，激励党员、干部靠实干开创更加美好的未来。

"'三个区分开来'是完善干部担当作为的激励和保护机制。从实践来看，'三个区分开来'有力消除了妨碍干部敢为的各种因素，为实干型干部撑腰，给改革创新者吃了'定心丸'。"福建省宁德市市长张永宁代表表示，面对异常复杂的国际环境和艰巨繁重的改革发展稳定任务，一方面需要探索创新、先行先试，另一方面也要旗帜鲜明地为担当者担当，让担当有为者把更多的时间和精力用在干实事、抓落实上。

"习近平总书记强调，完善落实'两个毫不动摇'的体制机制，支持民营经济和民营企业发展壮大，激发各类经营主体的内生动力和创新活力。"中国民间商会副会长、春秋航空董事长王煜委员说，当前，我国优化营商环境取得显著成效，建设市场化、法治化、国际化一流营商环境正持续推进，民营经济和民营企业加速发展壮大。法治是最好的营商环境，要在市场准入、要素获取、公平执法、权益保护等方面加快落实一批支持民营企业的举措，促进民营经济健康发展。

"纠治形式主义、官僚主义，切实为基层减负，必须坚持问题导向、突出靶向治疗。"辽宁省铁岭市市长李文飙代表说，形式主义实质是主观主义、功利主义，根源是政绩观错位、责任心缺失,"要深入学习领会习近平总书记关于树立和践行正确政绩观的重要论述,深入剖析'政绩工程''面子工程''形象工程'等反面典型案例,以案为戒、以案促改,及时纠正政绩观偏差,调动广大党员、干部干事创业的积极性。"

扬帆起航,乘势而上。代表委员表示,必须把推进中国式现代化作为最大的政治,在以习近平同志为核心的党中央坚强领导下,牢牢把握高质量发展这个首要任务,在新时代新征程上用实干作出更大贡献。

(人民日报记者邓剑洋、亓玉昆、李蕊,陈圆圆、林子夜、郑智文、林丽鹂、刘晓宇、张佳莹、祁嘉润参与采写)

(《人民日报》2024年3月11日第9版)